畫・說・我們

師生共創的故事

盧明　策畫主編

翁巧玲、翁巧芬、邱琍貞　著

目　錄

Contents

策畫主編簡介 ……………………………………………… iii

作者簡介 …………………………………………………… iv

策畫主編序──故事外的軼事（盧明）…………………… v

推薦序1──因為你們的用心，扭轉了孩子的不可能

　（吳玉芳）………………………………………………… xi

推薦序2──教育愛、插角情（吳神寶）………………… xv

作者序1（翁巧玲、翁巧芬）…………………………… xvi

作者序2（邱琍貞）……………………………………… xxi

第一部分　台北縣北港國小附幼的故事

我們是誰？做了什麼？ …………………………………… 2

是誰先開始的？ …………………………………………… 4

到底發生了什麼事？ ……………………………………… 5

要怎麼幫助同學呢？ ……………………………………… 11

原來……這樣可以變成故事書 …………………………… 14

怎麼做一本故事書呢？ …………………………………… 19

來說我們的故事 …………………………………………… 81

故事的最後 ………………………………………………… 88

第二部分　台北縣插角國小附幼的故事

故事中的故事 …………………………………… 96

繪本故事的起源 ………………………………… 99

事情是怎麼發生的？ …………………………… 102

我們做了什麼事？ ……………………………… 113

畫出我們的故事 ………………………………… 126

我的故事我會說 ………………………………… 144

故事的延續 ……………………………………… 153

故事的最後 ……………………………………… 157

參考文獻 ………………………………………… 184

參考資料 ………………………………………… 185

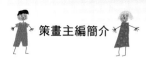

策畫主編簡介

盧 明

學歷：美國南卡羅萊納大學博士（主修幼兒教育）
　　　美國奧瑞岡大學研究進修早期療育、學前特殊教育
經歷：國立台北教育大學幼兒教育學系副教授兼系主任
　　　中原大學特殊教育學系副教授
　　　國立嘉義師範學院特殊教育學系副教授兼系主任
　　　美國南卡羅萊納大學幼兒中心助理教師
　　　美國南卡羅萊納大學幼兒教育學系研究與行政助理
　　　信誼學前教育基金會教師、活動策劃
現職：國立台北教育大學幼兒與家庭教育學系副教授

作者簡介

翁巧玲

學歷：國立台北師範學院進修部幼兒教育學系學士
　　　國立台北教育大學造型設計系玩具與遊戲設計碩士班研究生
經歷：台北縣九份國小附設幼稚園教師
　　　台北縣興雅國小附設幼稚園教師
現職：台北縣北港國小附設幼稚園教師

翁巧芬

學歷：國立台中師範學院幼兒教育學系學士
　　　國立台北教育大學數位科技學系玩具與遊戲設計碩士班（進修中）
經歷：基隆市隆聖國小附設幼稚園教師
現職：台北縣北港國小附設幼稚園教師

邱琍貞

學歷：國立花蓮師範學院進修部幼兒教育學系學士
　　　國立台北教育大學玩具與遊戲設計研究所研究生
經歷：台北縣板橋市重慶國中附設幼稚園教師
現職：台北縣插角國小附設幼稚園教師

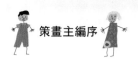

故事外的軼事

開場

　　教學的路中多是我說給別人聽，這些年輔導融合教育的工作中常有了聆聽的機緣。因為在教室中的某些幼兒和他們的同學，成為我和老師們的共同關注，也為輔導和教學開啟了另一個分享故事的視窗。其中巧玲、巧芬、琍貞老師在輔導會議時，總是非常投入情感地訴說他們和孩子們之間發生的對話、討論、事件，也讓我不時在友善的敘說中與孩子的善良、素樸、清潔和溫柔的心相遇。一個位於偏遠地區和一個位於教育優先區的幼稚園老師，並沒有因為教育資源的限制以及幼兒家庭背景的條件而輕忽了對幼兒的關懷與尊重，也沒有忽視任何一個幼兒的個體特殊性。

　　他們誠懇、認真和摯情的故事值得被聽見、被看見；故事需要一個開場，我就從身為參與者和閱讀者的角度開始說吧……

相互看見

　　　　「老師，我發現小翰在科學角當小老師，小朋友都很能接受他，他變得有自信了，媽媽也好高興，回家還幫他一起設計科學角的活動。」（巧玲老師）

　　　　「我想盡力幫助他們，班上的同學也很喜歡他們，很願意一起幫忙。讓小孩有幸福感真的很好。」（琍貞老師）

　　幼兒們之間的互動，他們與老師之間的互動，透過孩子的眼光，他們看見了什麼？和不同的同學生活在一起會發生什麼？幼兒又如何詮釋自身的經驗？我的童年和他的童年一樣嗎？「當我們同在一起」的童年，會成

為我們共同的記憶嗎？

我們常常將幼兒比喻為主動建構知識的探索者，對各種經驗感到好奇的觀察者，也是生活的學習者與創造者。幼兒的教室就像一間裝有雙面鏡的空間，鏡子的一面映照出幼兒對自我成長經驗的認同，而鏡子的另一面為幼兒開啟了對其他幼兒生活樣貌的探詢與互動。其實幼兒已有能力透過敏銳的洞察和獨特的觀點，表達他們的想法、觀點與理解，並對自己的生活經驗賦予意義（Clark, 2006）。因而生活關係緊密的師生一起經營創造教室文化，意味著站在一個傾聽幼兒聲音，了解他們觀點的位置，來回應幼兒的情感和需求；也在有形無形中牽引著師生、家長或其他人觀看童年經驗的視角 （Clark, 2006; Kinney, 2005）。

因為有機會認識和接觸教育情境中的發展弱勢、家庭弱勢幼兒，常讓我重新學習與檢視自己對人的概念；也常透過與老師們的討論對話中，反覆觀看思考我對能力的價值觀。同儕的接納、優勢能力的被看見、彼此喜歡的情誼、互相顧念的溫柔，隱含在人際互動時，即是一種被同理的期待和需求，而這樣的期待和需求一直存在於生活和生命經驗中。班級中的弱勢孩子同樣需要被同理的經驗，他們很容易被「正常」、「不正常」、「窮與富」的條件式價值觀貼上標籤，因而在「我們的關係」中被排斥和被輕視。上課我時常提醒學生，孩子教室中的世界其實是大社會的縮影；也經常和學生討論如果我們希望社會中人和人之間能尊重多元文化及少數現象，也能在弱勢族群的需要上看見自己的責任和付出關注，那麼我們應如何引導和培養幼兒同理的觀點，學習用「穿上別人的鞋子走路」的角度來對待別人？

不能教的課程

「老師，你覺得融合教育是不是生命教育啊？……那要怎麼教生命教育？」（巧玲老師）

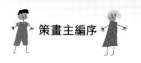

「我覺得幼兒的生命教育真的很重要，老師，你告訴同學說，這姊弟的故事就是我們班的生命教育，我也覺得是喔！那以後我們班就繼續這樣做好嗎？」（琍貞老師）

二○○八年的歲首之日，我和如果兒童劇團團長趙自強談及他與《商業週刊》「一個台灣，兩個世界」合作編製延伸水蜜桃阿嬤主題報導的生命教育戲劇教材：「……能有生命教育的兒童戲劇是很有意義的……」我對團長表達了心裡的感動。他卻說：「這也沒什麼，其實我覺得每天的生活就是生命教育……」是啊，趙團長提醒我「生活即教育」這句話引用在關於生命和品格的課題是極貼切的，因為我不也認同價值判斷和態度，同理觀點和行為，是難以用「教」的方式來讓幼兒學習的嗎？幼兒只能透過成人的身教與提醒，再加上自己所感受和體會到的文化氛圍，才有可能學會隱藏於生活中的價值和態度。制式的教育或正式的課程與情境，恐怕很難有機會讓幼兒探索、思考、用心體會他們的處境和可能的方法與答案。

在我們社會的價值思維和經驗裡，以條件和分數來衡量人的價值往往成為最直接的方式，所以成績／成就有了高低之分，行為／能力有了好壞的評價，外表／衣物有了美醜的標準。這樣相對也絕對的價值觀點，是不是傳遞給孩子過度簡約化的價值評價態度？也示範了我們對強與弱、好與壞、多數與少數、主流與非主流的二分法思維？可是我們真的希望在孩子年幼之時即傳承了社會文化中價值的框架？還是我們可以也願意期盼經過反省的引導，幼兒有機會敘說他們的觀點，創造他們眼光中的價值和認知方式？這些問題每每浮現在我參與融合教育輔導工作的歷程中。而我從巧玲、巧芬和琍貞老師的班級故事和圖畫書中，看見了對於「不能教的課程」的實踐。

畫說我們的故事

「……小孩的圖畫告訴我們什麼？是手眼協調的發展？畫得漂不漂亮？還是有其他的意義呢？」（巧芬老師）

「我覺得小孩的觀察真的很厲害，你看他們把每個老師和小朋友的特徵都畫出來了，我們很了解彼此喔！」（巧玲老師）

「……其實我們都沒有教小孩什麼，他們自己互相看看，我就問問他們要怎麼做，這樣就開始啦！」（珮貞老師）

書中兩個故事共同的關懷都是「不一樣的孩子」，但是透過不同教室中的故事，人與人的關係就像有了鮮活的生命般，以不同的途徑影響著幼兒及老師的信念、價值，以及如何解釋共同的生活經驗與其因由。這兩個師生共同創作編織的圖畫故事，運用了幼兒生活世界中最熟悉的思考和經驗呈現符號──敘說與圖畫，建構敘述他們世界的聲音和事件。由老師和幼兒一起參與創作的故事，其實存在著一種感性的經驗與溝通的關係，也隱藏了一種從「我們的關係」來詮釋教室裡文化處境的態度。

我們通常會將幼兒的敘說和圖畫訊息資料，置於語文發展和學習的範疇來解釋其意義。然而，在參與他們師生建構創作的歷程中，啟發了我思索老師是如何引導幼兒在創意與能力展現之外，不著痕跡的磨合著孩子們彼此之間的認同、包容、給予、合作和歸屬感；也常常浸淫在他們將平凡的日常生活互動和感受轉換、設計成共同故事的樂趣。身為優先閱讀故事的讀者，我在「說與畫」中讀到了真心誠意，引領我更細微、更用心的觀看蘊涵於幼兒作品中的心靈意象及情感底蘊。當然，我也從故事中看見了創造與欣賞生命的美好。

從教育專業來看，我們不能否認增長幼兒知識、技能是重要的教育目的，然而源自於童年的社會化學習體驗和價值探究，乃是奠基他們認識自

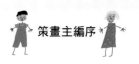

己、了解他人、建立關係、形塑文化等內隱知識的房角石。這樣陳述美好情感和價值的手工書，放置在教室裡的圖書角書架上也不勉強，像是班級中有了好友陪伴，而使彼此的心更加貼近。童年中保有的記憶，其實是最好的教育（楊茂秀，2006）。我心裡這麼想著：多少年過後，教室、老師、同學全都改變了，可是「我們的故事」還是會存在曾經共同參與故事的孩子、老師和我的心裡，相信偶爾想起來仍然莫逆於心；而且影響著我們思索如何和這個世界產生關係，以及什麼是人與人之間的合宜互動。

未完的故事

「……家長跑來問我們，小孩回家說教室裡有一本故事書，是他們和老師自己做的，要來看看，覺得小孩好棒……」（巧玲老師）

「我們從校長、學校老師、還有家長，連不認識的人都知道我們班的故事，變成大家都一起關心，真的讓我很感動又意外。」（琍貞老師）

「我覺得有些能力是不能被具體評量的，像圖畫裡，可以看見線條、顏色，你可能可以說小孩有顏色概念，說他協調能力怎樣，可是你沒有聽小孩說他畫的圖畫，你就不懂他們……」（巧芬老師）

班級中弱勢的幼兒出人意表的成為故事發展的推手，也意外牽繫了班級情感的凝聚。在這兩個班級中，他們不再是角落裡的孩子，而有了自己的位置。回首再想感動我的起點，還是「故事」的本身。幼兒和老師一起透過圖畫和敘說再現了他們個人與集體經驗，從中體會和理解了彼此的互動關係。在共同走過的過程中，參與的人在故事線中尋得連結、發現自己、得到回饋。故事，讓人更接近幸福。

故事，讓教室有了生命

　　兩年多來，我和這些孩子與老師共同經過了互相傾聽、了解、關懷、創作的歷程，無形中他們也視我為班級的一員。我們在夥伴關係中看見了實務背後的教育價值，教學不再是課程與活動設計而已；來自真實經驗的故事，讓我們看見更多教育的可能性。因為我們面對的是生命，有了豐富的澆灌，生命會長大。長大是希望，希望是什麼呢？

> 　每一次　　都在徘徊孤單中堅強
> 　每一次　　就算很受傷也不閃淚光
> 　我知道　　我一直有雙隱形的翅膀
> 　帶我飛　　飛過絕望
> 　……
>
> 　　　　　　　　　　　　　（張韶涵，隱形的翅膀）

　　隨著巧芬、巧玲老師播放幼兒作品和教室故事的背景歌聲，我認真思考著什麼是幼兒的希望？是所謂的關鍵能力嗎？是我們常講的「帶得走的能力」嗎？還是一雙隱形的翅膀呢？

　　如果你問我答案，我會這麼告訴你：答案和寓意在不同的故事裡……

Every community has memory of itself.

Not a history, nor an archive, nor an authoritative record...

A living memory, an awareness of a collective identity woven of a thousand stories.

（http://www.storycenter.org/index.html）

盧明

因為你們的用心，扭轉了孩子的不可能

　　巧玲來電說與盧明教授要為我們出版一本書，想請我寫序。他把初稿送到學校，看完最想問巧玲的是：「還記得六年前你對我說的話嗎？」

　　你說：「玉芳校長，別校的老師都叫我們皮要繃緊一點，因為你對附幼老師要求很嚴苛。」（原因在遴選上校長前，我曾借調至台北縣政府教育局幼教課服務兩年，對幼教的夥伴有份特別的期許。）

　　真正接觸幼稚園是在北港國小附幼，我很幸運，也很感恩，能與巧玲、巧芬兩姊妹共事。而一頭栽入學前特教領域，緣起於九十一學年度北港附幼由教育局安置了一位中度聽障的孩子……兩位幼教老師如何成為優秀的融合班老師，我想就他們的工作態度、教育理念及人生價值等不同的面向，提出個人的看法。

◎ 堅持，就會看見希望（余秀芷）

　　剛接班時，十八相送的場面在附幼一再上演，要求陪讀、陪吃、陪睡的家長不在少數，看不出哪個是特別的孩子。一週後，老師使出撒手鐧，請家長離開教室，於是……需要幫助、無力完成生活自理的孩子全顯現出來。但老師會耐心的等待，會請小幫手來幫忙，卻堅持家長要「放手」，因為我們深知：放手是成長的唯一途徑。

　　搶著說、爭著做、鬧著玩是孩子的天性，當有人佇在一旁，無法融入遊戲，同學都已完成的事，他卻做不到。憑著教師的敏銳度，巧玲一一與個案家長談孩子，開始家長都會以「大隻雞慢啼」、「沒時間帶孩子去做評估」、「不會去醫院」……等理由拒絕。慢！沒關係，我們等待；沒時間、不知道怎麼去？老師幫你預約掛號、開車載你去。當家長了解到孩子

發展有些遲緩時，幼稚園已經幫他申請了專業治療團隊──語言治療師、物理治療師、職能治療師的服務。

老師堅持做對的事，嘗試著去改變家長的執著與觀念，積極投入，創造出許多的不可能。

◎ 專注是成功的關鍵（Jim Slater）

在特教的路上，困難和挫折在所難免，無力感更常浮現心頭。但每一個工作，要做得成功，必須具備一個元素──專注。身為幼教老師，每天用期待的心情迎接孩子那一刻起，每個環節都必須十分專注。進班、晨讀、早餐、活動、午餐、午休、如廁、喝水……無一不是重要的，因為它不容許有絲毫的差錯發生。

「把每一件事做到最好」，是巧玲和巧芬老師的精神與自我要求，一股腦地把自己的時間、精力和智慧投入到工作中。發揮積極性、主動性和創造性，努力實現自己的目標。上班時像打仗，下班了仍不得閒，針對特殊孩子做個案討論、教學研討、教材教具研發，經驗分享……。「上班一條龍、下班一條蟲」的苦情姊妹花是我對他們的尊稱。

「強烈的責任感，是專注的原動力。」因為專注為他們帶來力量，力量帶來了想要的無限可能。

◎ 專業：你的唯一生存之道（大前研一）

大前研一認為能控制感情，以理性行動；擁有比以往更高超的專業知識、技能和道德觀念；秉持顧客第一的信念；好奇心和向上心永不匱乏，加上嚴格的紀律，這樣的人才可稱為專業。

巧玲、巧芬自知在學前特教專業知能的不足，積極參加各項研習，如：學前特教專業知能研習、學前特殊幼兒能力評估鑑定教師專業知能研習、學前特殊教育個別化教育計畫深度研習、學前特殊教育轉銜服務專業

知能教師實務工作研習、早期療育輔導人員專業研習……主動申請身心障礙早期療育巡迴輔導、融合教育實驗……把握專業增能機會，提升對學前特教的教學品質，以確保特殊幼兒的學習權益。

追求專業方面，巧玲、巧芬最可愛之處，在於勇於發問及樂於分享。有句話說：「今天請教別人，明天就可以勝過別人！」正是兩姊妹的寫照。若園裡有個自閉症幼兒，他們會上網找資訊、閱讀相關書籍、請教自閉症協會、輔導教授、有相同經驗的幼教夥伴……而只要有些微心得，兩姊妹絕不藏私，願將自己的經驗與他人分享。

唯有對工作有熱誠、有決心，全心全意地投入，必然能讓家長感受到你的專業，看到教育的希望。

◎ 有熱情就能創造奇蹟（尹立 Aaron Yin）

日本頂尖企業家稻盛和夫強調：「放眼古今中外，真正成功的人憑藉的不外是一顆單純的心，一份堅持完美、永不放棄的熱情（passion）。」一旦心中有了熱情，工作的所得就不只是薪水，人生的理想才有豐沛的能量，而成功的輪廓，也就可以一筆一筆勾勒出來了。

孩子一屆一屆的上小學了，當老師的不會畢業，每年九月又要迎接新生，開始接受不一樣的挑戰，熱情是首要的因素，也是最不可或缺的要素。

「每一個孩子都是獨一無二的」，我永遠看見巧玲、巧芬熱力十足，神采奕奕，滿腦子充滿新點子與教學方案，去面對每一個獨特的個體及他們的家庭。不斷的溝通、不停的嘗試、無止境追求新知，更讓人感動的是總是滿懷熱情，把一件苦差事當作是學習成長的契機。

原來，成功的祕訣就在熱情對待周遭的人、事、物，熱愛自己的工作，在工作中找到樂趣，創造奇蹟。

「在孩子的需要裡，發現我們的責任。」北港四年不算短的日子，雖然匆匆經歷，卻是感受深刻，你們的努力我看見了。過程也許艱辛，但你

們對幼兒的「堅持、專注、專業、熱情」，為我在北港附幼時光譜下一段美好的回憶。

　　阿德勒說：「沒有任何孩子是沒有希望的，除非您告訴他：『您失敗了，您是失敗者』。」教育之路遙且長，期許巧玲、巧芬在融合教育上取得卓越成績，綻放出更亮眼的成果。

前北港國小校長

吳玉芳

教育愛、插角情

　　不求回報無私無悔的付出，就是教育愛的具體表現，插角國小幼稚園老師及小朋友不但做到了，而且內心充滿喜悅歡樂。他們把助人愛人的故事說出來、畫下來，終於完成了一本適合幼兒閱讀的繪本。

　　「學校是兒童學習的樂園，老師是孩子的守護天使。」當幼稚園老師家庭訪問之後，了解少數學生家庭因經濟情況欠佳，生活與就學均發生困難時，一股助人、愛人的心理油然而生。於是幼稚園老師及幼兒共同決定參加華視「圓夢巨人」的節目，接受「穿針引線」的挑戰。荔枝老師日以繼夜不斷的練習，再加上幼兒震天的加油聲，終於過關斬將，有驚無險，挑戰成功！為小朋友贏得一筆可觀的獎助學金，解決小朋友就學的難題。師生努力的過程，正是最佳的生活教材，也讓小朋友上了一堂寶貴的生命教育課程。

　　此一感人的故事，經過報章及電視媒體報導之後，引起社會愛心人士的關心，紛紛慷慨解囊，捐贈衣服、圖書、玩具、食物、金錢等；學校也將部分善款設立一個專戶，做為幼兒的教育基金，讓幼兒未來就學之路，無後顧之憂。

　　幼稚園老師更將此一事蹟，鼓勵幼兒畫出來，寫下童言童語，經過老師的細心整理，籌措印刷經費，小書終於誕生了！書中充滿幼兒的愛心與克服困難的勇氣，此種難得的成功經驗，值得與大家分享，互相激勵。最後感謝插角師生、家長及熱心人士的關心與付出，使得孩子們在學習路上能夠快樂、勇敢向前行！感恩！

插角國小校長

吳神寶

● 作者序 1 ●

　　我們學校「北港國小附設幼稚園」，地處於汐止偏遠山區的山腳下；全園只編置一個班，這一年卻幸運的擁有「五位特殊孩子」，我稱之為「幸運」，是因為剛開始，不知道該如何帶領這五位特殊生。到後來，從這些孩子身上得到的實質回饋，原來他們的觀察力、想像力、善良之心是成人所無法想像的。

　　幸運的我們，擁有輕度智能障礙、中度智能障礙、肢體障礙、亞斯伯格症、學習障礙的孩子，一下子要接觸這麼多位特殊生，當然會擔心自己是否能妥善照顧每一位孩子，但還是需要面對這些困難及挑戰。雖然以前唸書時，也有上過幾堂特教的相關課程，但已經是好幾年前的事了，且也沒有實際接觸過的經驗，會擔心自己能否兼顧特殊生的需求？又害怕家長提出的質疑、擔心普通生會接受特殊生嗎？「融合教育」又是怎麼一回事？之後，我們慢慢成長，慢慢學習，直到師生共同完成了《我特別的同學》這個繪本，而故事中，看到了孩子對於特殊生的接納及包容，及如何讓孩子來當老師的教學歷程，老師又如何用引導來讓孩子學習，這些問題在我們的繪本中，都有了答案。

　　現在，我們從這群孩子身上，發現身為老師的驕傲，且不管是普通生還是特殊生，經歷這些日子的相處，到完成繪本的製作，過程中孩子的努力及認真，讓大家都有豐富的收穫。

　　繪本剛完成的那天，所有的孩子都爭先恐後想聽故事，我們說完一次之後，每天都聽到孩子唸故事的聲音，彷彿這本書，在孩子心中是獨一無二的。曾經問過孩子為什麼喜歡這本書？孩子天真的回答：「這上面有小象班的小朋友！因為那張圖是我畫的！上次踩到大便的時候很好笑！」從孩子的笑容裡，我發現這本書，對孩子而言是回憶、是獲得認同的自信、

是一本讓他們很容易就朗朗上口的故事。

　　這讓我想起了當初會做這本書的那天，是剛開學不久的那一陣子，孩子們一直跑來問我：「老師，為什麼小嘉會大便在教室？」「為什麼他都沒有長高呢？」「小憶的動作為什麼那麼慢？」「小良很喜歡離開座位！」心想，你們也發現了有一些孩子，跟我們不一樣。發現孩子提出這些問題後，我也正思考，該如何跟幼生說明這些特別的孩子，也許因為不知道該怎麼說，所以決定全班共同思考，事後我們歸納出發展歷程，成為舖陳本書的重點：新生及特殊生入園→發生特殊有趣的事件→引起討論→老師文字記錄→成功解決發生的問題→思考如何記錄且幼兒也看得懂→產生師生共創繪本，而在問題發生的過程中，我們有了一些共同的發現：

班上孩子的特殊專才

　　小翰對自然科學的興趣及天分，讓他擔任科學角的小老師，從道具準備及學習單，到整個教學過程，小翰都可以獨立完成，他儼然就是一位老師，連我這個老師都不禁佩服，只是在情緒控制方面較需要成人的協助。

班上孩子的特殊行為

　　小憶每件事總是需要別人幫忙、小嘉在生活上的行為問題、小良為何總是蹦蹦跳跳；班上的孩子將這些特殊行為先是不經意的畫在每日的心情日記上，我們發現後，心想是否能把這些真實故事使用繪畫的方式呈現，且變成可以翻閱的故事，再和孩子回溯及討論該如何鼓勵及幫助他們。而我們也真的把教室故事變成了師生共創繪本，也真的做了。

　　「我特別的同學」完成後，突然發現孩子們是一群觀察力敏銳、懂得關心同儕又認真的小天使；而在製作過程當中，巧芬老師也忍不住畫了故事頁的背景圖，也就是對這些特別孩子的未來期許。掛在教室時真像一幅幅美麗的圖畫，經過的小學老師及幼生家長都停下腳步欣賞，還問巧玲老

師：「這些小人偶，都是班上小朋友畫的喔！」老師說：「真的，都是他們畫的。」他們畫完後，我們都發現這些孩子的觀察力真是敏銳。

這一年，我們收了五位特殊生，同時也加入「台北縣融合教育實驗計畫」，國立台北教育大學幼兒與家庭教育學系盧明老師，成為陪伴我們參與計畫的指導老師，因為受到老師的支持及肯定、專業及經驗讓我們信心滿滿的走下去。與其說老師是指導老師，倒不如說老師是我們幼教路上的好夥伴，當教學上遇到瓶頸或無力時，老師會先傾聽我們說，協助我們找出問題癥結，和老師談完話後問題常常迎刃而解；讓我們更落實以孩子為本位的教學、並將發生在班上的真實故事融入課程中。

同樣地，我們也提醒自己，要認真傾聽孩子說話，引導孩子提出問題、再協助他們解決問題，聽起來基本又簡單，但有時卻會被忽略。所以：

我們的教學

以孩子為主體，讓每一個孩子都能參與每天所有的課程活動；對較弱的幼生將教學活動簡化或提供特殊器材，盡可能讓大家都做一樣的事。

問答的方式

老師「少言」，讓孩子「多言」；自從發現喉嚨開始沙啞後，便自然的減少說話的次數及語句，後來發現老師的話減少，孩子的話就變多，「傾聽」變成是一種教學的方式。

在繪畫教學上

不是老師教孩子，而是引導孩子教老師；以開放式的提問讓孩子說出想法，同時藉由圖畫溝通，增加特殊生及普通生間社會互動的機會。

在本書中可了解

　　我們如何帶領幼生完成繪本？使用哪些素材？如何和孩子進行對話？如何讓特殊生跟大家做一樣的事？在做繪本之前，我們做了什麼？最後如何將教室故事串聯成我們的班級故事——「我特別的同學」，而孩子說這些故事時又發生了什麼？

　　某天早上，「老師！我們家小瑜說，寫了一本故事書耶，在哪啊？」一位開心的媽媽進教室這麼問我；這時候，我想我們進行的這個活動已經在幼兒、家長、老師三者之間獲得了很大的迴響。

　　後來發現不只如此，我們在融合教育發表的當天也將繪本故事放入其中，發表結束後獲得同樣是職場老師的高度肯定及在場教授的認同，頻頻詢問我們繪本是怎麼完成的？那些小人偶都是小朋友畫的嗎？你們班上那麼多的特殊生兩個老師怎麼帶班？而後，又受盧明老師之邀請，於國立台北教育大學幼家系分享我們的故事，期望即將入職場的幼教老師們知道原來教學是這麼的有趣，理論是可以和實務相結合，教學方式有很多種，但其本質是不變的。

　　因而，我們有機會和在職、職前的幼教老師進行對話，連我們自己學校的小學老師都感到好奇想探究其中。大家都是經驗豐富的老師，部分老師有教過特殊生的經驗，也都期許班上的特殊生能自然的融入課室中，卻不知道該怎麼做、要從何下手？我們又是如何帶領全班幼生製作繪本，將班級的教室故事使用簡單的蠟筆，師生一起繪製出這麼好聽又特別的故事？希望我們完成的這本書，能夠幫助更多職場上的老師及幼生家長。

對老師而言

　　是一種經驗的累積與教學上的考驗，在我們每天進行的活動中，發現了我們的教室故事；讓孩子親身經歷感受周遭事物後，發自內心的幫助及

學習，這就是我的驕傲，而經過這一年的磨練後，身為老師也確實增長許多。

對其他幼生而言

是一種成就感，我幫助了同學也和老師一起完成作品，孩子得意的說：「這是我們班的故事書。」

對特殊生而言

原來「我」也可以和大家做一樣的事，找到了自信及認同感、還有「我」雖然慢但卻有努力完成的堅持。

從幼兒的反應及興趣～孩子喜歡這樣的教學活動。

～期待繪本真的出版那一天。

從家長給予的回饋～喜歡作品的實質呈現及孩子每天回家講不停。

回顧老師的教學歷程～我們獲得專業成長是最大的支持及鼓勵。

職場上老師的回應～期待能有機會能更深入的了解，我們學校的繪本故事。

即將進入職場的幼教老師～理論與實務間的關係，期待自己成為有熱忱的老師。

翁巧玲、翁巧芬

　　曾幾何時「媽媽的職業」變成了我現在的工作（母親是一位職業褓母），而我也一直深深覺得幼教工作對我來說，是一個艱難但值得去努力與挑戰的一份工作。自己回想起從高中到研究所的學習，常常是學科比術科有優異的表現，而術科對我來說真的比登天還難，例如：製作點心、縫縫補補製作教具，常常是我跟同學們用學科的成績或筆記交換而來的。但是如今，這些非常有用的技術，竟然可以成為我現在為孩子們努力圓夢的利器，俗語說的好：「早知如此……何必當初。」

　　打從有記憶開始，家中最高紀錄有十來個別家的小孩，需要我的母親細心照料，而「我」還不算在其中；每天母親的工作就是養育別人家的孩子，而我呢？我是在自己照顧自己下成長；但好像也沒有什麼抱怨，自己玩自己的、自己照顧自己、偶爾還可以把別人家的小孩當小玩偶，這是我和別人不一樣的童年回憶吧！

　　看著母親帶別人家孩子那份細心、呵護與態度，是為人母、為人師最好的典範；父親是職業軍人，教育我的模式，以是非觀念的重要及遵從上級指示辦事的效率。現在想想，我做人處事及工作態度，的確受到家人從小教育及家庭環境所致；很慶幸我雖然不在原生家庭長大，但是養育我的父母一直把我當自己的孩子看待，甚至比自己的孩子還疼愛，也因為從小就沉浸在滿滿的愛中長大，所以我深信世界上所有的人，應該都會有完整而幸福的人生；但我投身幼教工作後，發現其實並不然……，尤其是從市中心學校轉任教於偏遠地區服務後……很多弱勢家庭、隔代教養或者是生而不養，很難想像……。

　　書中的故事源自於內心對幼教的信念，常想我不為這群孩子做，誰來做呢？常有人說：愛我所選擇的，選擇我所愛的，映照在我工作上真是恰

如其分，也對得起我的父母給予我不虞匱乏的生活條件，才讓我能擁有這一份教育未來棟樑的神聖工作與使命。

我很珍惜、更把握可以為這群可愛的小天使們，在童年的學習生活中，給予他們別人沒有的童年回憶與學習樂趣，並且打造一個「有愛」的環境，讓孩子都能平安、快樂、健全的長大，並且擁有好品格的人生態度，我辦得到，相信您也可以做得到。

另外更感謝一位欣賞我、且讓我有機會進入公幼領域的國立台北教育大學幼兒與家庭學系盧明老師，我們的淵源極深，日後經由北港附幼的巧玲老師告訴我，才發現當時北縣聯合甄選公幼教師時，盧老師就是我這考場的考試委員，很慶幸的是，我是考場中唯一錄取的老師，也因為如此，在往後的公幼生涯中，我更珍惜我們之間的專業互動和情感交流；常常跟盧老師分享我教室內發生的感動、老師與孩子的互動……，盧老師也曾經給我機會，到學校跟他的學生分享我的教學點滴，這又是給我一個在教學以外不同的學習經驗，這樣的經驗又提振我在幼教工作上，正向鼓勵與教學上不同的啟發。

盧老師不僅開拓了我在幼教工作上的視野，也不斷給予我鼓勵與打氣，除此之外，也不斷給我修正自己與省思的機會，就像這本書書寫的發想，就是盧老師不斷給予我鼓勵，將自己工作上的感動過程，逐一化作文字分享出來；其實當初並沒有這樣的打算，只是希望能將孩子的繪本出刊而已，沒想到卻可以將我的工作上的感動變成文字，誠懇的呈現給大家，我想這是一份簡單不過的文章，但是因為盧老師的相挺，讓我有機會完成這一篇平易近人又感觸良多的工作心得分享，謝謝盧老師給插角附幼一個機會讓大家認識我們，也更謝謝盧老師給我（荔枝老師）一個學會感恩與感激，並且確認自己在幼教工作上的堅持與努力是值得分享給大家。

邱琍貞

第一部分

台北縣北港國小附幼的故事

 ## 我們是誰？做了什麼？

北港附幼

位於汐止五指山下

於一九九六年成立至今

小小的學校，小小的孩子

造就了一個特別的班級

我們的成員有

一些低收入家庭的子女

一些外籍配偶的子女

一些隔代教養

一些單親

加上一些特殊需求的孩子

我們沒有充足的經費

也沒有足夠的人力

更沒有受過專業訓練的特教老師

但～我們擁有的是

　　　一個支持幼教的校長

　　　一對苦情姊妹花老師

　　　一個熱心的廚工

　　　一群雞飛狗跳卻活潑可愛的孩子

還有一顆熱忱的心

　　　一個很棒的團隊

一個充滿愛的環境

和～願意不遠千里而來協助的盧明老師

在這一年中

我們和這個班級的孩子

擦出了融合教育與繪本製作的火花

也許孩子曾經讓我們驚慌失措、心力交瘁

但我們選擇了勇敢面對、嘗試錯誤

孩子們也在學校裡　看到了老師的身教

　　我們～一起面對過動孩子的跑跑跳跳

　　我們～一起學會遇到困難也要笑著面對

　　我們～一起發現問題　解決問題

　　我們～一起記錄這一切的一切

　　接著～在一次的融合教育發表中

得到了熱烈的掌聲

和～不斷詢問的電話

因此　我們決定

把我們的故事　完整的寫下來

對於這一路走來的教學歷程

我們只有一個想法

那就是～

孩子　老師以你們為榮

是誰先開始的？

　　這是個有趣的問題，做繪本這件事，到底是誰先開始的呢？這個問題就像是「先有雞還是先有蛋？」一樣難回答，嚴格說起來，我也不明白，到底是老師的教學態度讓孩子觀察出異狀，孩子與老師提出問題然後引發討論，進而記錄下來變成繪本；還是孩子在教室裡的表現讓老師使出特別的教學策略，引起孩子觀察並提出問題，然後讓這本師生共構繪本誕生！

　　但無論是誰先開始的，這本繪本就像故事中的主角一樣，是我們班的寶貝，但在繪本產生前，我們到底給了孩子什麼？讓孩子有興趣做出這樣一本曠世鉅作呢？（嘿！老王賣瓜一下！）這就是這本書出版的目的了。

　　每年開學，總免不了要教孩子自我介紹，自我介紹中，不外乎是自己的名字、家人、喜歡的玩具、興趣……等。有些認真的老師會因為班級裡有招收身心障礙的學生，特別向全班同學介紹身心障礙的孩子，並說明該如何幫助這些孩子；在北港附幼裡，我們從不在開學時，對全班做這樣的說明，特殊生（註：本文所指特殊生為特殊教育法中所稱之特殊需求學生／幼兒。）的自我介紹，就和大家一樣；也正由於我們的無為而治，孩子們也就自然的把這些特殊生當成一般的小朋友來對待。

　　正因為我們的一視同仁，所以班上的孩子自然認為每個人都應該要遵守教室裡的規定，但孩子在開學一段時間後，便發現了這幾個孩子和別人不同的地方，並提出問題：

　　「小良為什麼要跑來跑去？」

　　「小憶怎麼一直發抖？」

　　「小嘉怎麼一直大便下去？」

　　「小翰怎麼那麼害羞？」

這一連串的問題，在班級裡引發了一些爭議及討論。另一方面，老師的行為也讓孩子產生一堆「？」「？」「？」

「小嘉和小憶什麼都不會，為什麼老師說不要幫他？」

「老師為什麼要和小良吵架？」

他們特別的行為，讓其他孩子對他們產生了興趣，也讓我們的班級裡有了共同的話題，老師們也思考著該怎麼說明這些孩子的狀況，於是我們便在孩子所提出的一連串問題中，一邊解決問題，一邊和孩子一起做紀錄，因而產生了這本繪本。

但是這幾個孩子是誰，他們到底怎麼了？為什麼會引起全班的討論呢？

 ## 到底發生了什麼事？

小嘉，是全班唯一經過鑑定安置進入我們班的特殊生，小嘉領有的殘障手冊是中度多重障礙；用小baby來形容他，真是再恰當不過了。由於他的個子很小，入學時身高還不到九十公分，而且連走路都需要大人的協助，很自然地，全班都把他當成弟弟看待。小嘉的家庭長期以來都是低收入戶，剛入學的時候，連不到一萬塊的學費也繳不出來，還是老師替媽媽跟慈濟申請補助，才能夠交出學費。小嘉的家裡有五個人，除了父母外，小嘉還有個三年級的哥哥和一年級的姊姊。爸爸、姊姊和小嘉都領有殘障手冊，爸爸是計程車司機，媽媽則在家照顧小孩沒有上班。

小嘉是家裡的老么，在老師的印象中媽媽總是把他抱在手上很少放下來，所以小嘉也不太會走路，上廁所也要媽媽抱著去，更別說其他的生活自理了。也因為小嘉的情形是如此的嚴重，所以我們申請一位臨時助理員，每天在教室裡照顧小嘉的生活起居，舉凡吃、喝、拉、撒、睡，小嘉都需要大人的協助，但入學後我們漸漸發現，由於家庭教育的關係，小嘉的個

性很依賴，有些生活上的事情小嘉雖然已經學會了，但如果他發現旁邊有人想幫助他的意圖就不肯動手，一直等著別人幫助；所以我們對於小嘉的指導方針就是一切以生活自理能力獨立完成為原則。

最讓我們頭疼的問題是小嘉的如廁，在小嘉進入學校的第一個月，我們的助理姊姊每天都得清理小嘉的大小便很多次，因為小嘉在家裡都是包尿布，完全沒有任何如廁習慣的建立，加上家庭的關係，小嘉似乎對於隨地大小便的概念，遠遠的超過他對馬桶和廁所的印象。就這樣，兩個老師商量後，我們決定先讓小嘉和馬桶培養感情開始做起，第一步是入園就讓小嘉喝一杯溫開水，每半個小時就帶他去小便，早餐後給他一杯優酪乳，午餐前帶他去上大號，如果小嘉有命中馬桶我們就給他大大的鼓勵，並請全班給他拍拍手，如果不幸，那麼那一天的日子就會在擦地、洗地、擦屁股、洗屁股、換衣服、打包睡袋當中度過；當然，以上工作都是由老師和助理姊姊陪伴小嘉一起完成的。這樣的過程十分地辛苦而且臭味十足，但我們仍然堅持絕對不讓小嘉在學校包尿布，雖然曾經有一點動搖，但理智還是戰勝了懶惰，也因為我們的堅持，小嘉終於在第一學期結束時，學會上廁所了，當時真的很想要放一串鞭炮來慶祝一下，可惜寒假到了，媽媽又讓小嘉整天包著尿布。開學後，又讓我們花了一個月的時間，才讓小嘉重新記得馬桶和便便的關係。

小良，記得開學的第一天，小良拉著爸爸的手來到幼稚園，白白的皮膚加上圓滾滾的眼睛，躲在爸爸的身後，偷偷的看著教室裡的一切，老師帶著他放好東西後，爸爸用濃厚的台灣國語跟老師說：「他講話不清楚，請老師多給我們照顧，阿老師你聽沒有，就叫他講慢一點！」便離開教室了。

老師帶著小良到座位上，跟小良說早，小良只是看著老師，把嘴張的

大大的說：「啊……」接著就離開座位在教室裡跑了起來。我們心想，這只是第一天，應該沒關係吧！

接下來的日子，我們才發現小良並不只是說話不清楚而已，他對於老師的指令一點也聽不懂，而且根本坐不住，所以在開學之初，我們只能跟他比手畫腳，他也跟我們比手畫腳，有時，老師也不明白，是他覺得在對牛彈琴還是我們在對牛彈琴。

除此之外，小良的坐不住也令我們頭疼，因此在每一次上課前，都得有一位老師或助理帶著小良到操場跑一跑、動一動，然後才帶他進教室上課，這樣小良對於上課的干擾才能降低。

一段時間後，比手畫腳的溝通方式，慢慢的出現了語言，就這樣，在軟硬兼施和諄諄教誨下，小良開始有了進步。和小良的爸爸溝通了他的狀況後，小良經過醫院的診斷為：輕度智能障礙與注意力缺陷過動症。

在這樣的狀況下，老師得一邊提升他的語文能力，另一方面也要滿足他大量活動的需求。我們陷入膠著，因為加上小良，班上就有五位身心障礙的小朋友，在整天都忙碌的幼稚園裡，要怎樣才能找出輔導時間呢？但「忙人會想出好辦法！」我們用各種活動銜接的時間，來為小良進行這兩方面的療育。

怎麼做呢？我們用每個活動轉換的時間（每次約五到十分鐘），讓小良自己進行觸覺與感統的練習，也就是說，在教室放置一個箱子，裡面有按摩球、矽膠滾輪、粗細不同的刷子、放置在地板上的矮平衡木、重力衣、綁腿……等，小良可以依照自己想要的東西使用。一開始，老師得天天陪著他練習，並且示範每一種東西的用法和收拾的方法，還要清楚的讓小良知道它能夠使用的範圍在哪裡，什麼時候收拾完畢和大家一起上課，才不會讓他拿著東西到處亂跑，或者超過使用時間讓全班等他。一段時間後，小良便能自己使用了，這個方法讓小良能夠紓緩自己的緊張與不安，也能夠滿足他「動」的需求。

至於語言部分，我們利用午餐後，有些孩子在刷牙、有些孩子在整理睡袋時，和小良一起玩「搶棉被遊戲」讓他練習說話與溝通。就這樣，小良越來越進步，我們也教得越來越得心應手。

小憶，第一次和小憶見面是招生那一天，小憶的爸爸牽著小憶，站在招生登記教室的門口，我抬頭看了小憶一眼，便回頭跟學校的老師說：「等一下，我可能要帶他去教室做鑑定！」接著我便走上前去，跟小憶說：「妹妹，說老師好。」小憶害羞的躲在爸爸後面，當時的他，身體是微微傾斜的，我蹲在小憶的前面，再說一次：「妹妹，說老師好！」小憶用很小的聲音，說了一個含糊的「好」字，接著我徵求小憶爸爸的同意，讓他坐在教室裡，並且拿一些玩具給他，小憶很怕陌生人，一直抓著爸爸不放，直到我拿出糖果，小憶才肯看著我，小憶伸出細細的小手，要拿我手上的糖果，這才發現他的手怎麼一直抖個不停，心想，怎麼運氣這麼好，又多一個特殊生。

小憶來自單親家庭和爸爸同住，爸爸缺乏教養孩子的概念，所以小憶來上學的時候，我們是一邊教孩子，一邊教家長的；小憶的爸爸連孩子的日常照顧都需要老師的提醒，例如：每天需要更換乾淨衣服、洗澡的時候要連腳趾頭縫、耳後、耳朵都要洗乾淨……諸如此類的事件，大約一兩個星期老師就得提醒爸爸一次，不然小憶就會髒兮兮的來上學，所以小憶的爸爸也像是班上的孩子似的有時也會被老師嘮叨個幾句。

小憶來上學後，我們帶著家長和孩子一起去醫院，才發現小憶是中度智能障礙，而且有不明原因的腦傷，這也讓我們在進行課程的時候，會給小憶簡單一點的工作或是多一點的協助，好讓小憶能跟上大家的活動。小憶的力氣很小，我們設計了很多增加力氣和練習的活動給小憶，像是擰抹布、搬有輪子的箱子、幫忙拿全班份量的剪刀或彩色筆……讓小憶在學校

能夠有機會幫老師的忙，也讓老師能「摸蛤仔兼洗褲」一邊讓小憶練習手部的力氣，一邊增加他的成就感和自信心。

有一次，全班一起去社區教學，那裡有一大片綠草地，正好就在湖邊的斜坡上，老師想到前幾天小憶在教室裡練習側滾翻的時候，總是需要老師在後面推他一把，於是就突發奇想的請小憶從草地的斜坡滾下來，小憶成功的滾下來了，還說：「再一次、再一次！」於是全班都跟著小憶在斜坡上滾了起來，老師從小憶的臉上看到了滿意的笑容，不知道是不是小憶因為發現自己也有領導大家的一天而感到喜悅。

小翰，角落活動完畢時，孩子們正忙著收拾角落裡的玩具，老師請小翰先去選一本故事書，等一下老師要講故事給全班聽，老師說：「小翰，

▲小憶從斜坡上滾下來。

▲小君在幫她。

▲其他同學也跟著一起滾。

▲滾完以後匍匐前進爬上去再滾下來。

請你去選一本故事書！」小翰停下了手邊的工作，但卻像被定格一般停住了，老師再說一次，小翰則一邊慢慢的回頭，然後將視線慢慢的轉到老師的腳邊，接著再把視線由腳往上，看著老師的眼睛，愣了大約三秒，才緩慢的由口中吐出了一個「嗯」字。

這樣一個害羞的孩子，就是小翰。他有輕度亞斯伯格症，爸爸媽媽對於小翰的教育都相當的投入而且配合，只要老師要求家長的事情，家裡一定全力以赴，就拿老師為了讓小翰能和同學正常的溝通，請小翰當科學角小老師的事來說好了，媽媽會先在家裡和小翰討論要做的實驗內容，記錄下需要的材料，甚至是設計學習單，然後請小翰把妹妹當成同學先練習一次，才讓小翰帶著東西到學校教同學。

因為家長的態度如此的認真投入，小翰在做每件事情時，也是用一絲不苟的態度來面對，這樣的方式在班級裡鬧出不少的笑話：

有一次，小翰帶大家做了一個實驗，叫做【雞蛋在不同的溶液中沉浮的情形】，小翰與同學一起收拾科學角後，開始坐在椅子上啜泣，青蛙老師發現了：

青蛙老師問小翰：「發生什麼事情了嗎？」

小翰搖搖頭，繼續啜泣。

青蛙老師說：「我很想要幫助你，可是如果你不說出來，我也沒辦法幫你的忙！」小翰才邊擦眼淚邊說：「媽媽說做完實驗剩下的汽水要分給小朋友喝，可是企鵝老師叫我喝掉！」

青蛙老師：「那你就跟老師說你要請大家喝啊！」

小翰：「可是老師剛剛叫我喝掉！」

青蛙老師：「沒關係，汽水是你的可以自己決定！」

小翰這才停止啜泣，開始分汽水。

噢！我的天哪！不過是不到100c.c.的汽水，哪有那麼困擾呀！

諸如此類的事件，總是在小翰身上不斷發生，任何老師認為簡單不過的事情，都會困擾著小翰，每次小翰說出原因時，老師們也認真的回答或引導小翰，但總不免有疑問，這些看似簡單的問題，哪有那麼多的擔心呢？

就這樣，這四個特別的孩子，他們的障礙類別不同、家庭環境不同、家裡的教育方式不同，在教室總是狀況連連，大家為了幫助他們解決問題，便激盪出自製繪本的火花。

 ## 要怎麼幫助同學呢？

在孩子們對特殊生的行為提出問題後，我們放了「大象男孩與機器女孩」的影片給全班看，有的孩子看到一半跑來跟老師說：「老師，我想哭！」「我不知道為什麼會流眼淚了！」有的則是在機器女孩用助行器練習走路時，大聲的喊：「加油！加油！」看完影片後，我們的討論如下：

老師：「大象男孩怎麼了？」

小威：「他生病了，沒辦法吃東西，也沒去上學！」

小文：「他看起來好可怕又很可憐！」

老師：「然後呢？」

小淳：「有老師幫助他！」

小君：「有很多人教他！他就會了！」

小良：「他……看醫生！」

小嘉：「他吃『患』（飯）很開心！」

老師：「機器女孩怎麼了！」

小威：「他家在海邊很漂亮！他爸爸媽媽都不見了！」

小瑜：「他的阿嬤很愛他，他去學校會想阿嬤！」

小文：「他不會走路！」

小君：「他要練習，可是很累他就哭了！

有些事情很辛苦，可是還要練習，不然長大都不會就要當

乞丐！」（嗯⋯⋯有那麼嚴重嗎？）

老師：「為什麼他們都要去上學？」

小文：「他們要去學和同學相處！」（厂ヌˋ！你會不會太聰明。）

小昊：「去學校學東西！」

小良：「去吃⋯⋯飯飯！」（同學⋯⋯你很餓喔！）

老師：「學什麼呢？」

小威：「老師會教他看書、寫字、玩玩具！」

老師：「老師為什麼要教他玩玩具？」

小淳：「因為玩玩具腦袋會變聰明！」

老師：「還有呢？」

小敏：「要學會自己的事情自己做。」

老師：「為什麼自己的事情自己做？」

小君：「這樣才會學到東西！」

小翰：「我也有幫忙別人，幫同學和媽媽做事！」

老師：「每一件事都要幫忙別人嗎？」（大部分的孩子這時都回答

「要」。）

老師：「所以幫助別人是好事，別人有困難的時候要幫助他！

孩子們紛紛點頭。」

老師：「那機器女孩的老師為什麼不幫他，要他自己走路？」

小翰：「他老師要他練習！」

老師：「練習就不能幫他喔？」

小翰：「幫他他就學不會了！」

小敏：「如果一直幫他，就會害他沒有機會練習！」（孩子⋯⋯你說到

重點了。）

老師：「所以別人在練習的時候，就不要幫忙他？」（這時，有些孩子說對，有些則搖頭。）

老師：「那我們看到別人有困難到底要不要幫忙呢？」

小瑜：「有些要，有些不要！」

老師：「我們怎麼知道哪些要哪些不要呢？」

小翰：「他練習的時候就不要幫忙，沒有練習的時候才要幫忙！」

老師：「那你們以後練習的時候，有人說：『老師我不會。』我就說：『不管你，自己想辦法，好不好？』」（大家都用力的搖頭。）

小敏：「提醒他也是幫忙他！」

小君：「在旁邊陪他也可以！」

小翰：「不可以動手幫忙！」

小嘉：「要⋯⋯加油！」

就這樣，大家討論出如何幫助有困難的同學，老師也在日後的課程中看到孩子如何不動手的幫忙別人，這樣的幫忙方式在我們班儼然成了班規，經常可以聽到這樣的對話：

「ㄟㄟ！不要幫他做啦！」

「你提醒他就好了！」

「你不要幫我，害我沒有練習！」

「我已經說了，你要自己試試看！」

「我在旁邊陪你，你趕快做！」

有些孩子甚至會說：

「我已經教你很多次了，你自己都不幫自己，我也沒辦法了！」

（同學，要有耐心好嗎？不要學老師的口氣說話！）

在我們班級裡的討論，通常孩子討論出結論後，我們就會說：「嗯！很好，大家都想出很好的方法！」而非由老師為這件討論下結論，因為我們深信，由孩子口中說出來的，孩子才會永遠記住，並且容易實踐。

原來……這樣可以變成故事書

在看完影片後，大家都很熱烈的討論影片的內容，隔天我們拿出「大象男孩與機器女孩」的繪本和孩子討論：

小姍：「他們被畫成故事書吧！」

小淳：「這本書可以從前面看也可以從後面看！」

老師：「對呀！為什麼大家要把他們畫成故事書呢？」

小威：「沒有錄影帶的時候就可以看書，別人才知道他們的故事！」

老師：「想要讓別人知道發生什麼事，用嘴巴說就好了，幹嘛要用故事書？」

小君：「不想說話的時候，可以用看的！」

小良：「我……看不會字！」（是看不懂字啦！）
　　　「我……看畫畫的！」

小姍：「用說的別人不知道他長怎樣，故事書有畫出來！」

老師：「所以用畫的比較好，不要用說的囉！」

小敏：「也要用說的，不然畫得不像的時候，就不知道在畫什麼了！」

老師：「又要畫、又要說，這樣不是很麻煩？」

小淳：「不用說呀！故事書裡面有字，看字就好了！」

小姍：「看書的時候要一邊看字，一邊看圖，就知道它在講什麼

了！」

老師：「每一本書都有字嗎？」（老師看一下孩子們，似乎點頭
的多於搖頭的。）

老師：「有沒有哪一本書沒有字的？」

小君：「早安和晚安。」

老師：「嗯，這樣看得懂嗎？」

小君：「沒有字的書大人看不懂，那是給小孩看的！」

老師：「那你們看得懂嗎？」（大家都點頭如搗蒜。）

老師：「早安晚安和其他的書有什麼不一樣？」

小美：「它有很多格子，看格子裡面畫的，就知道它在說什麼
了！」

小憶：「我有老師早！」（是「我有說老師早」吧！）

小文：「畫得像就不用字，畫不像才要字！」

老師：「所以大象男孩和機器女孩畫得不像，才有那麼多字？」
（全班一直笑，也一邊搖頭。）

老師：「那是怎樣呢？」

小美：「沒有字的書要畫很多很多圖！」

小文：「不想畫那麼多圖的，就可以寫字，告訴別人發生什麼
事！」

孩子從這樣的討論中，發現了繪本故事中圖畫與文字間的關聯，也因
為這樣的討論，讓我們班的心情日記與繪畫方式有了重大的突破。

◎ 從心情日記裡，看到孩子記錄每天發生的真實事件

在這之前，大家的心情日記內容多半為卡通、車子、公主、迷宮……
等想像事件，經過了這次討論後，孩子們開始在心情日記上畫出和同學發

生的事件，也有孩子畫了在學校的活動或在家裡發生的事情，像是出去玩、吃晚飯和同學吵架、上學途中發生的事情、去操場跑步……等。累積一段時間後我們也將大家的心情日記，以學校作息的方式排列，用看圖說話的方式，讓大家來說自己的故事。

◎ 和同學之間的對話或爭執

有時孩子間會起爭執，若老師正好沒看到事情是如何發生的，就請孩子把剛才的事情畫下來，通常內容大概是：

「我要去拿……他走過來，就撞到我了。」

「我要玩這個，他不給我，他用搶的，老師叫我們來處理。」

「他沒有輪流，是我先拿到的。」

老師看到圖後，通常會問誰先發生，然後誰後來怎麼了。聰明的孩子為了能夠趕快將事件處理完成，就在老師給的圖畫紙上寫出了編號或箭頭，這樣才不會在老師提出問題後，又要回去重新畫一次，耽誤了自己玩角落或玩遊戲的時間。

或者是，有孩子犯了錯，老師請他在座位上休息，因為休息時沒事情可做，就會在座位上搗蛋，因此我們會讓孩子畫出自己做錯的事情：

「我玩水，老師請我休息，想一想以後怎樣可以提醒自己不要玩水！」

「我在教室跑來跑去，撞到東西，要休息一下，讓自己不要亂跑。」

「我沒帶功課，老師請我想一想，要怎樣才不會忘記帶功課！」

　　有一次，有個孩子被請休息畫完圖後，請老師幫他寫上內容，當時這個孩子將圖畫紙分成左右兩格：

　　　　老師問：「為什麼有兩邊呢？」

　　　　小翰指著圖畫紙說：「這裡是因為我沒有帶功課來，這裡是我現在被請休息。」

　　小翰畫了這張圖後，老師將它張貼在教室裡，並且告訴全班小翰畫的反省圖裡出現了「因為之前……、所以現在……」，這一張圖造就了我們班在心情日記裡的四格連環畫的風氣。

四格連環畫 —— 事情的先後順序

　　小翰的反省圖，帶動了大家在圖畫紙上畫格子的風氣，老師也推波助瀾的在課程裡加入了四格漫畫的說明：

步驟一：將一張紙摺成四個格子（虛線為摺痕）

步驟二：將格子標示順序

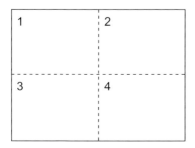

步驟三：引導孩子可以放入哪些主題？

例一： 1.主角是誰？　　　　　例二： 1.有一個○○

2.他遇到什麼事？　　　　　　2.他去○○

3.怎麼解決？　　　　　　　　3.碰到○○

4.結果……　　　　　　　　　4.後來……

小蓁

1. 小兔兔要跳去喝水。

2. 有東西快要打到小豬。

3. 有一個女生要抓太陽。

4. 我和唯芳在找寶物。

這是一個中班孩子的作品，只有第一格，小蓁有畫出老師要求的內容，其他的內容都像是彼此不相關，老師發現小蓁這樣的情形時，就趕緊做了修正，提醒孩子一件重要的事：

主角有沒有是同一個人？

第一格和最後一格一定要有主角出現喔！

小君

1. 我抱弟弟在玩轉圈圈。

2. 我頭很暈。

3. 弟弟掉下去了。

4. 然後他嘴巴就流血，還哭哭
　 了。

步驟四：延伸活動

讓孩子能夠自由創作內容（主角變成是一朵花）

1. 有一朵花。
2. 有人幫他澆水。
3. 它長大了！
4. 被別人摘走了！

就是這樣的活動，讓孩子對繪本越來越有興趣，也讓我們的班級在接下來的日子裡，一頭栽進教室真實故事的繪本製作活動中。

 ## 怎麼做一本故事書呢？

幼兒的繪畫及語言是一種心理的表現，他們的「畫」及「話」，透露出內心世界的訊息；而成人的繪畫則是以視覺感受來呈現美的畫面，大部分的人認為，畫的像才是漂亮，所以幼兒的藝術表現及成人的藝術表現顯然不同。成人會經由理性思考，而幼兒則是直接而主觀的感受，且也常能將所知道或所想的表現在繪畫上，以他們的方式呈現出他們對於周遭事物的看法。而在我們的課程活動當中，沒有給孩子多樣的素材，只是單純的使用蠟筆，以最直接的經驗來呈現最真實的感受。

從「認識自己」，畫「我」的繪畫作品開始，同樣大小的紙張，有些孩子會有滿版的圖畫出現，有些孩子則是畫小小的人偶，而在用色上，有明亮及暗沉的區別，因為家庭因素、環境刺激，心情的不同而呈現出不同的作品。孩子在畫自己的時候，我們會發現作品反射出對自我的認同感，平常會帶小耳環、小項鍊、小手鍊的孩子，所畫出的作品就會出現很多的

裝飾品，有時仔細觀察孩子的畫作，也可以發現他的內心世界。

為什麼會有這樣子的差別呢？那麼當這些孩子在畫其他人的時候，是站在誰的角度來思考，差異性又在哪裡呢？

繪本完成後，我們找到了答案，來聽聽我們是怎麼做的：

◎「老師！故事書裡有什麼？」

孩子提出問題，於是我們開始「讓孩子了解什麼是繪本」；每天，我們都會閱讀一本書給孩子聽，遇到孩子特別有興趣的主題，還會深入探討，甚至會延伸成為主題課程活動。我們教室的故事書有五百本以上，孩子可以自由選擇，就這樣班上的孩子開始喜歡閱讀。

每週會讓孩子借閱學校的繪本故事回家閱讀，除了選擇自己有興趣的繪本外，孩子必須自己記錄所借閱書籍的書名、封面。畫出眼睛所看到的圖樣及文字，畫不好、畫不像都沒關係，我們會告訴孩子「只要認真完成就好」；而在這樣每週例行的活動當中，孩子了解到一本書包含：

· 書名：有不同的字型、排列方式（直式、橫式）、顏色，多種形式的呈現。

· 封面：所顯示的圖案，代表故事的重點或主角，也是孩子在選書時的第一印象。

· 作者：孩子發現：「原來作者可以有很多個」。

· 出版社：通常字體較小，只是讓孩子知道而已。

· 內容：好笑有趣的、真實發生的、幻想世界裡的……等等。孩子發現：「很多事情都可以被記錄變成故事」。

▲小雯認真的以繪畫方式，記錄她所借閱的繪本──「衣服怎麼濕了」。

▲每週所繪畫的借書登記，除了仿畫之外，也會加入一些自己的想法。（小萱的作品）

　　每週借書登記的過程中，孩子對於能仿畫很開心，在配色上也會找尋相似的顏色，且能獲得愉悅的成就感；但相對地，會有孩子擔心自己畫的不像而不願嘗試及在仿畫書名時，有孩子說：「老師，我不會寫字」。老師回答：「試試看，寫錯、畫不好都沒關係，認真就好。」或「如果你真的很擔心，也可以用描的。」長時間下來，孩子會慢慢累積經驗，也會有很多創意的文字出現；就這樣，慢慢發現閱讀繪本的樂趣、關於書的秘密。

　　每週讓孩子借書回家閱讀，也意外得到一個收穫，是小君媽媽給我們的回饋，有一次小君借了一本書叫《我討厭媽媽》，媽媽唸完後，小君就喜歡上這本書，媽媽還去書店買了同樣的一本書。此後，小君每天都要看一遍這本書。有一次小君和媽媽吵架，媽媽就不理小君自己去做家事，結果小君拿起這本書開始大聲而且生氣的讀，那一天小君大聲的唸了三遍，然後對著媽媽說我們和好吧！

　　媽媽表示，他以為讀故事書只是為了讓孩子培養閱讀的習慣，竟也是孩子紓解情緒的好方法，真是一個意外的收穫。

◎ 我最喜歡畫的心情日記

　　從日常生活經驗當中，累積繪畫基礎；我們在學校的美勞角，提供素材、美勞創作繪本、讓孩子翻閱並發揮創意。這樣的活動中，老師不進行

教學，只提供孩子所需的素材，如果素材是教室沒有的，則一起討論有何替代品。有些孩子的作品在大人的眼中是「很抽象的創意」，但當你詢問孩子這是什麼？孩子會很認真的說出自己的作品名稱，當場予以適切的讚美，能更正向的帶領他進入藝術世界。

　　我們的孩子進入校園，第一件工作就是「畫心情日記」，孩子隨心所欲的畫出自己的想法，老師可以從中發現孩子的內心感受：今早孩子在家中被責罵後，來學校立刻畫出黑嗚嗚的心情，或老是把自己畫在小圈圈裡的人偶，代表著內心充滿不安、需要被保護，又或者總是畫出排排站的物品，似乎彼此之間都有著一個屬於自己的位置，但是卻沒有互動。這些都告訴我們，孩子需要關心囉！

◀黑嗚嗚的心情。早上小詠來上學時，臉上有個手指印，媽媽表示有責罵他，圖為孩子入園後所畫的心情日記。我問孩子畫的是什麼？孩子回答：「爸爸開車載我們上學。」

◀圈圈裡的人。小辰只要是畫人，就會把自己畫在不同形式的框框裡，經過家訪後，也了解他不安的原因。老師問孩子畫的是什麼？他回答：「鮮奶。」其實是鮮奶的瓶子裡，還住了一個人。

◀排排站的物品。小良在畫作上，總把所畫的東西像排隊一樣，第一排排完，換第二排，畫面豐富又可愛。老師問：「你畫的是什麼？」他回答：「香蕉、茄子、草莓、西瓜、葡萄、荔枝。」老師問：「他們在做什麼？」他笑而不答。

　　當然，有時候從畫作中可觀察到孩子不同的行為外，大部分的孩子在大部分的時間，都是愉悅的畫圖，當孩子畫完時，口述自己畫的內容，老師使用文字記錄，在這樣的活動當中：

老師：「你畫的是什麼？」

小羽：「人、花、雲。」

老師：「人有沒有名字呢？他在做什麼？」「你畫的是什麼地方
　　　呢？」

　　每天使用不同的問句引導，孩子到後來會有更具體的對話出現。之後只要使用簡單的問話，孩子就能自己說出具體的語句。

老師：「你畫的是什麼？」

小羽：「他們要去爬山，然後遇到了青蛙，青蛙在玩球，然後又
　　　遇到了企鵝，企鵝在散步，就一起出去玩。」

　　甚至有孩子會說出有內容的生活化情節，慢慢累積孩子的語彙能力。

小廷：「這是城堡，穿藍色衣服的士兵在上面、綠色衣服的士兵
　　　在下面，他們都拿旗子在抗議。」（天啊！這是不是選舉時的畫
　　　面呢？）

　　當孩子拿出心情日記時，除了增加語彙能力外，我們也會進行繪畫上的引導。

老師：「每一件衣服都有不同的圖案，你試試也把衣服畫上圖案
　　　及顏色吧！」
　　　「你畫的是公園啊！有這些漂亮的花，那公園裡還有什麼
　　　呢？」

以問句及間接要求的方式，讓孩子增添畫面的豐富性，每天使用不到一分鐘的時間和孩子進行個別對話，就會發現孩子極富想像力、觀察入微，而一週五次的練習也讓他們的繪畫技巧及語彙能力大有進步。

◎ 來畫我們班的故事

開始的時候並不是要做繪本，這也不是預設的課程活動，而是從孩子發現「特殊生的不一樣」開始，聽見孩子這麼說「好像有很多同學，一直需要幫忙」、「為什麼老師教了好多次，他都不會」，因而提出疑問，於是共同：

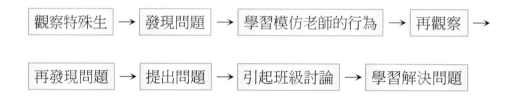

師生共同發現班上孩子的特殊專才～小翰對自然科學的興趣及天分。

師生共同發現班上孩子的特殊行為～小憶每件事總是需要別人幫忙。

小嘉在生活上的行為問題。

小良總是蹦蹦跳跳。

討論後，發現孩子對於特殊生不會害怕或排斥，反而主動協助或提醒；喚起了對於「特殊生」的好奇心，也因為這好奇心，而開啟了師生共構繪本之路，我們針對特殊生的問題進行討論後，孩子們決定記錄使用繪畫的方式呈現，看到孩子將他們覺得印象深刻的事情畫下來，心想，這就是發生在我們班既特別又不同的真實故事。孩子發自內心的感覺，如果能將小片段的故事情節畫面放大，而成為我們自己的繪本，孩子會喜歡閱讀，並對班上的同學更能發揮同理心。

　　我們決定後，便開始和孩子討論故事情節的內容，以慢慢建構出我們的故事。原本是片段片段的紀錄，與孩子一起統整後將故事大綱的主軸討論出來，思考的方向包含：

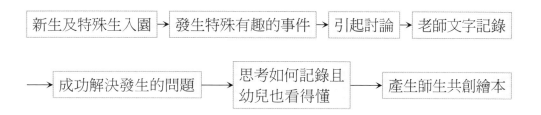

　　開始時孩子以「提出想法」的方式說出發生的事件，老師將各項事件內容寫在白板上，而後將相關事件的想法統整後變成「段落故事」，再將各個段落故事串連就成了「班級故事」。其實每一位孩子都希望自己是故事中的主角，且對能成為故事中的特殊生，感到相當的羨慕呢！老師自己也忍不住畫了故事背景

▲老師使用粉彩，幫忙將小翰的那一頁畫上背景圖，並修整孩子剪貼的小人偶。

圖，就這樣完成了師生共構繪本「我特別的同學」內容包含：

・照顧大家的老師～企鵝老師、青蛙老師、雲媽咪、雨虹姊姊、校長媽咪。
・班上不一樣的同學～班上的孩子不知道他們的身分，只是覺得特別。
・小良（輕度智能障礙與注意缺陷過動）。
・小憶（中度智能障礙）。
・小嘉（肢體障礙與輕度智能障礙）。
・小翰（亞斯伯格症）。
・發生的特殊事件～以印象最深刻及特殊有趣的事件為代表。
・封面～與眾不同的「校樹」～我特別的同學。

　　我們所完成的繪本，包含十大內頁，而每一內頁都有屬於班上孩子的

小故事,我們班的繪本故事——「我特別的同學」,是孩子很努力、老師很感動的歷程。

◎ 第一頁 | 我們學校的老師

學校有哪些老師?有企鵝老師、青蛙老師、雲媽咪、羽虹姊姊還有校長媽咪,老師分別寫下五位師長的名字後,便開始討論孩子心目中的老師:

校長媽咪

老師:「校長媽咪是誰呢?」

小雅:「就是衣服上都有一個亮亮的別針。」(其實那是胸針。)

小冠:「手上都會拿著書。」(其實是公文夾。)

小宜:「有一點胖胖的。」

老師:「是全身都胖胖的?還是臉胖胖的呢?」

小君:「他還會抱我喔!」

小威:「他來吃我們的飯。」(是來陪你們吃飯吧!)

小淳:「他都坐在那邊。」(手指著旁邊的樓梯椅。)

老師:「那校長媽咪的工作是什麼呢?」

小冠:「在學校走來走去。」

小維:「早上在校門口說早安。」

小君:「看看有沒有小朋友不乖。」

▲使用蠟筆,孩子畫了校長媽咪拿著碗和湯匙來陪我們吃飯(碗裡面還有畫食物呢)。

小昊：「也會看看老師有沒有在上課。」（這應該是家長說的吧？！）

老師：「還有其他的工作嗎？」

小憶：「嗯……」（只舉手，沒說話，為特殊生之一。）

小瑜：「開會。」

老師：「那我們去訪問校長媽咪，就更知道他的工作是什麼啦！」

於是大家又開始討論該如何訪問校長媽咪：

小淳：「去校長媽咪的辦公室問啊！」

小佳：「那校長不在怎麼辦？」

小君：「先打電話上去。」

老師：「那還需要做什麼呢？要怎麼問呢？」

大家七嘴八舌的提出問題，老師帶著孩子將問題統整：校長媽咪你的工作是什麼？你喜歡做嗎？會不會很累？有誰會幫忙你呢？你的辦公室都是誰打掃的呢？你住在這裡嗎？為什麼有床呢？我們將訪問的方式列出：

打電話聯絡校長媽咪 → 約定時間 → 參觀校長室 → 當小記者提問 → 繪畫記錄

結束了訪問活動後，就要來畫校長媽咪囉！

▲孩子認真的畫出心目中的校長媽咪，雖然每個人畫的長相都不一樣，但卻有著相同特徵：一點胖胖的、喜歡穿長裙，而且身上一定會有胸針、短短的頭髮。

雖然我們是小學附設幼稚園，只有一班的我們，很感謝校長的支持及鼓勵，校長能說出每一位孩子的名字；對於班上需要扶助的特殊生，也給予進步的鼓勵及肯定。小時候的我們都覺得校長高高在上，但現在這群孩子知道校長是親近人的、像朋友一樣，校長也教小朋友上過體能課呢！孩子對校長也擁有特別的感情。「校長媽咪」原來也是我們班級的一份子。

企鵝老師

老師：「企鵝老師是誰呢？」

小良：「是他……」（手指著企鵝老師的方向，特殊生之一。）

小真：「我覺得胖胖的。」（企鵝老師傷心中……）

老師：「那有比校長媽咪胖嗎？」

小君：「不會很胖啊！」（企鵝老師竊笑中……）

小豪：「很好笑！」（這形容詞很妙！）

老師：「什麼事情最好笑呢？」

小豪：「跳舞還有演戲。」

小雅：「會做鬼臉。」

小美：「學小良的動作。」

小君：「喜歡騙人。」

老師：「企鵝老師什麼時候騙人？」

小君：「每次比賽的時候，不說預備—開始，都說預備—開車、
　　　　開水、開門。」（害大家都一直笑。）

小翰：「講話很大聲。」

老師：「為什麼會講話很大聲呢？」

小綺：「企鵝老師恰北北。」

老師：「那你怕不怕企鵝老師？」

小綺:「哈……！不怕。」

小美:「會穿圍兜兜。」

老師:「為什麼要穿圍兜兜呢？」

小均:「頭髮長長的、捲捲的。」

老師:「長長的，畫的時候，要注意有沒有超過肩膀！」

▲天氣好的時候選擇在戶外上課，這次畫的是企鵝老師，有時候穿裙子、有時候穿褲子、有一點胖胖的，還有恰北北的表情。

　　孩子從相互討論中，知道大家不同的意見，然後歸納出自己的想法，進而將之呈現在繪畫作品上，簡單使用蠟筆讓孩子直接塗畫，呈現最自然的一部分。

　　企鵝老師在孩子的心中，孩子會說兇兇的，但當我們問到，那你怕不怕兇兇的老師，得到的答案卻是「不怕」，這樣的回答模式很妙；問孩子，既然兇為什麼不怕呢？孩子直接回答:「不知道耶！就不怕啊！」可能在孩子的心中，企鵝老師同時也很會搞笑、也會鼓勵，是一位恩威並施的老師，或許在未來要碰到這樣特別的老師機會很小囉！

青蛙老師

老師:「青蛙老師是誰啊？」

小淳:「我覺得很漂亮！」（青蛙老師暗自高興中……）

小翰：「也會穿圍兜兜。」

老師：「和企鵝老師的圍兜兜是一樣的嗎？」

小雯：「青蛙老師很高啊！」

老師：「有多高呢？」

小翰：「比雲媽咪、企鵝老師都高。」

小琳：「很溫柔！」

小思：「講話小小聲。」

老師：「小小聲的聲音，你聽的清楚嗎？」

小美：「好像不會生氣！」

小君：「會說好聽的故事！」

小雅：「青蛙老師，畫圖很厲害。」

小綺：「還會把我畫的圖，做成昆蟲玩具。」

小淳：「我畫的也被做成娃娃。」

小宜：「頭髮捲捲、長長的。」

老師：「和企鵝老師的捲髮是一樣的嗎？」

小冠：「好像不太一樣！」

老師：「青蛙老師都在做什麼呢？」

小君：「幫我們上課。」

小純：「還會把我們的作品貼起來。」

小儀：「我……不會畫。」（還沒開始畫，就擔心的孩子，特殊
　　　生之一。）（註：小儀為學習障礙型幼兒，除文字讀寫方面有
　　　障礙外，其餘行為及學習均與一般幼兒無異。因此孩子在討論
　　　時，並未加入小儀的行為，此繪本主角中也未出現。）

老師：「沒關係，老師等一下會教你。」

▲觀察青蛙老師的外型特徵、動作，孩子畫出的青蛙老師都是瘦瘦、高高的，頭髮是長長、捲捲的，穿著漂亮的衣服，總是笑嘻嘻！

同樣使用蠟筆呈現，由於青蛙老師剛換新髮型，所以孩子在畫老師時，就包含「瘦」、「高」和「長又捲的頭髮」的特徵，繪製過程中，孩子有大班、中班還有特殊生，大家都很認真完成；小翰是一位患有亞斯伯格症的孩子，是班上的特殊生之一，在他的世界裡，事情只有單一的答案，所有的事情似乎都規律的呈現在眼前，當他畫人物時，手掌和手指頭、腳掌和腳指頭似乎都是外接的，這真是很特別的畫法，當發現孩子有特殊畫法時，翻書、查資料了解孩子的發展；而這種畫法似乎也是三至七歲幼兒的繪畫發展特徵，圓圈圈是頭、直線是身體、直直延伸出去的是手、手指則是像雞爪一樣擴散開來。應該是孩子也是最早出現的人物畫法吧！我們尊重孩子的創意，對孩子而言這是一種創造的滿足感，同時也是自我能力的肯定。

▲小翰像拼圖一樣，把頭、手掌、手指頭、腳掌、腳指頭，清楚區分並畫出來，也是幼兒繪畫發展的特徵——雞爪式的手足。

雲媽咪

老師：「雲媽咪是誰啊？」

小嘉：「……」（主動舉手，一個笑臉，沒說話，特殊生之一。）

小毅：「煮飯很好吃！」

小琳：「我媽媽跟雲媽咪學煮飯！」（在廚房幫忙的家長，順便
　　　學烹飪。）

小君：「我最喜歡吃咖哩飯！」（其他孩子，爭相舉手，我也是
　　　……我也是……）

小美：「雲媽咪每天都穿白色的衣服。」

小君：「因為他是廚師啊！」

小翰：「還有一件煮飯的圍兜兜。」

老師：「那雲媽咪的圍兜兜，和老師的圍兜兜有什麼不一樣？」

小翰：「雲媽咪是短短的圍兜兜。」

小雅：「雲媽咪都把頭髮綁起來。」

小君：「頭髮才不會掉到飯飯裡面！」

小冠：「雲媽咪給小憶一個大湯匙。」

小君：「這樣，小憶的手就不會一直抖……」

老師：「好厲害，你怎麼知道？」

小君：「我有聽到雲媽咪跟小憶說啊！」

▲大家認真的畫雲媽咪，而且全部都畫白色上衣、白色長褲、直髮，小翰畫的四肢仍舊是手掌和手指頭、腳掌和腳指頭，看起來像外接的，但已清楚畫出臉部特徵。

　　照顧我們三餐的廚房阿姨「雲媽咪」，對我們班的孩子而言，可不只是一位煮飯阿姨，他清清楚楚的知道每一位孩子的食量，誰愛吃什麼？誰挑食最嚴重？他的期望是「每一位孩子都能白白胖胖的從小象班畢業」，

雲媽咪對食物的認真態度，也影響了孩子不可以浪費食物。

　　畫人物的活動時，我們可加以提醒，臉上會有哪些表情、五官、肢體及一些細微的動作，孩子就能很自然的將他的觀察轉化成為繪畫作品，當孩子完成畫像後，很興奮的要給雲媽咪看呢！

▲孩子正畫出雲媽咪穿著白衣白褲、頭上綁著馬尾是雲媽咪的固定穿著，正在忙碌的情形，看起來似乎正在洗碗呢！

羽虹姊姊

老師：「羽虹姊姊是誰啊？」

小冠：「拿著照相機，一直幫我們照相。」

小君：「會帶小嘉去上廁所。」（該幼生為特殊生。）

小毅：「頭髮很長很長ㄟ！」

老師：「有多長咧？」

小瑜：「都要長到地上了！」（會不會太誇張啊……）

小儀：「羽虹姊姊也很高很高。」

小君：「中午的時候，會帶小嘉、小良、小憶去爬樓梯。」（三位都是特殊生。）

▲孩子在畫羽虹姐姐時，手上都會拿著相機，當羽虹姐姐靠近時，小朋友也很自然的拿起作品，表示要拍照囉！

羽虹姊姊是我們的生活助理員，由於我們有五位特殊生，而申請了助理員的協助，很幸運地，他很優秀；羽虹姊姊在班上話不多，孩子都發現他會拿著照相機幫小朋友拍照，且會協助班上的特殊生處理事物，手長腳長、頭髮長，就是羽虹姊姊的外型特徵。自從孩子畫了羽虹姊姊後，我們也才發現，他還真是每天都拿照像機到處走動，幫我們做圖像紀錄呢！

在這一個頁面中，幼生畫的人物所包含的共同特點有：

班上孩子所畫的校長媽咪

・特點一：臉型圓的、頭髮是短髮且整齊覆蓋在臉旁、笑嘻嘻的臉龐。
・特點二：身型略胖、體態豐腴、都穿套裝、很長的裙子。
・特點三：身上一定會有「胸針」、手上會有「公文夾」。

班上孩子所畫的企鵝老師

・特點一：臉型圓的、頭髮常常綁起來。
・特點二：身型微胖、常穿七分褲、手上會拿「鑰匙」。
・特點三：肢體動作大、有時會穿圍兜兜。

班上孩子所畫的青蛙老師

・特點一：臉是尖尖長長的、頭髮捲捲、蓬蓬的。
・特點二：瘦瘦高高的、膝蓋的部分畫的特別明顯、腳很長。
・特點三：笑嘻嘻的笑容、肢體動作比較小、手上會拿「水管」（因為才剛上完關於水的課程，所以手上拿了水管）。

班上孩子所畫的雲媽咪

・特點一：頭髮是直短髮、臉型是長型的。
・特點二：穿白色的衣服、手上會拿餐具，還有正在煮飯。
・特點三：會穿半截式的圍兜兜。

班上孩子所畫的羽虹姊姊

・特點一：很長很長的頭髮，還有瀏海。
・特點二：身體很長很長、手也很長很長。

・特點三：手上一定會拿照相機、笑臉。

　　孩子完成畫所有老師的活動後，我們將孩子的作品沿著人物的形狀剪下；原本是想讓孩子自己裁剪，但顧慮到有些孩子畫的人物有細小的部位，如果這些細小的部位在裁剪中，不小心被剪壞了，那真的非常可惜；所以就由老師幫忙裁剪。而裁剪完後，小小的人偶真的很可愛，看到孩子畫了老師的表情和動作，感覺很溫馨，而且可以發現孩子眼中的老師。

　　我們的教學是從生活觀察中以直接的經驗進行幼兒的繪畫活動。老師在課堂上所扮演的角色，對孩子而言具有依附及情感的互動，孩子以最直接的繪畫，表達出對師長的感情及關係。老師是上課的人、照顧我的人，還有呢？和孩子聊一聊這個問題很有趣。同時也是給老

師一個反思的機會，是否有什麼地方需要注意及改進？也可以發現，原來自己在孩子心中是什麼樣子！

◎ 第二頁｜ 蹦蹦跳跳的小良

　　幼稚園新生報名，真是一個特別的日子，可以先讓我們了解即將入學的孩子，讓我們有心理準備。就在報名那一天，小良的爸爸正在填寫報名表，小良一進教室，鞋子都沒脫就直衝教室內的溜滑梯，老師告訴他：「進教室，要脫鞋！」小良就說：「鞋。」，我們就知道又一個需要我們多費心的孩子了。和爸爸聊天之後（對談中是使用台語），爸爸表示「老師！我小良很笨，不會說話，他還有一個弟弟就沒有這樣」、「我太太是越南人，不會教啦」。老師：「他要是來唸，我們會慢慢教他，有需要你幫忙，再跟你說。」後來，還真的需要爸爸幫忙，因為開學後沒多久，學

校和爸爸討論了小良的狀況之後，請爸爸帶小良去看「兒童心智科」，結果診斷為「輕度智能障礙和注意力缺陷過動症」，等確實了解小良的狀況後，就開始了我們與小良的奮戰。

　　「老師，他咬我」，早上用完早餐後，小威生氣的跑來找老師：「老師他咬我。」這到底是怎麼回事呢？詳問之下才發現，原來事情是這樣發生的：

　　　　老師：「你……為什麼咬他？」（老師手比著小威。）

　　　　小良：「沒……有。」（唉！到底是怎麼啦？）

　　　　老師：「你……為什麼咬他？」（再問一次，並帶著小良到事發
　　　　　　　現場。）

　　　　小良：「門……開」

　　　　老師：「然後呢……」（老師的手做了開門的動作。）

　　　　小良：「蚊……子。」

　　　　老師：「門打開會有蚊子，然後呢？」

　　　　小良：「咬……」（在說的同時，就從老師手上咬下去。）

　　　　老師：「你是說，門打開會有蚊子飛進來咬小威？」

　　　　小良：「……」（點頭，表示同意。）

　　老師告訴了小威這件事情後，小威說：「我知道了。」而我們也對全班小朋友說明剛才發生的狀況，讓孩子同時了解原來小良他不是故意要咬人，而是因為他不會說，希望大家一起來幫助他。

　　老師問：「如果聽不懂小良說話的時候怎麼辦？」小雯：「找老師幫忙。」老師可以一起聽聽小良到底在說什麼？發現小良不太會表達意思後，我們希望小良可以有練習說話的機會；一開始是在課堂上給他說話的機會，的確也增加了一些語彙能力，後來發現利用上課時間教他說話會延誤課程，有些孩子也因為他說話較慢，而顯得有些坐不住。

而後，我們便思考還有什麼時間，小良也可以練習說話。在一次午餐後，小朋友刷完牙、整理自己餐桌後要鋪棉被，小良也不例外，但我們發現，他似乎很保護自己的棉被，當有人經過他棉被旁邊時，小良會以手勢動作擋住他的棉被不讓人靠近。發現了這一點之後，我們就和小良開始一段爭奪棉被的故事。

　　小良鋪好棉被後，老師便躺在棉被上假裝睡覺，小良用手推推老師希望他離開，從慢慢推到很生氣的推，老師都不離開，這時另一位老師走過來和小良對話：

老師：「小良，你要說……這是我的棉被。」（老師說話帶手勢
　　　動作。）

小良：「棉……被。」

老師：「這-是-我-的-棉-被。」

小良：「我……棉……被。」

老師：「這-是-我-的-棉-被。」

小良：「我……棉被。」（很生氣的表情和動作。）

隔天，持續說話練習～持續好幾天，老師連雲媽咪三位大人一起加入：

老師：「這是我的棉被，雲媽咪你起來。」（連雲媽咪也加入戰
　　　局。）

小良：「我-的-棉-被……雲媽咪……來。」（手還是推著雲媽
　　　咪。）

雲媽咪：「我要睡覺，小良去那邊！」

小良：「不……要。」

小良：「這是我的棉-被，老師……起來。」

老師：「不要起來，小良按摩，我就起來！」

小良：「……」（手開始按摩了起來。）

小良：「這是我的棉被。」（一聽到小良整句說出後，老師立刻離開。）

雲媽咪：「棉被給我睡，小良去洗碗。」

小良：「……」（還真的跑去要洗碗。）

小良：「這是我的棉被，雲媽咪去洗碗！」（手比著放碗的地方。）

這個事件持續一星期後，小良的語彙確實進步，且找老師說話的次數增多，越來越愛說，也越說越厲害，當小良有不對的行為時，我們會說：「你不聽話，老師就不理你了。」這對小良發生效用，或許在他的心裡，老師們都給他高度的認同感及自信，老師是喜歡他的，他也希望大家繼續這麼對待他。雖然小良肢體動作大、說話不清楚，但他是很體貼的孩子，有小朋友不舒服時，小良會是第一個發現的：「他……怎麼了。」老師回答：「他肚子痛。」他就是這樣很關心同學的一個孩子，所以他的人緣很好。當我們在討論小良的行為要畫他的時候，孩子的回應很踴躍：

小欣：「小良臉圓圓的，長的很可愛！」

小冠：「他講話不清楚，老師搶他的棉被，要讓他說話。」

小豪：「他上次說冰涼說成檳榔！」（哈哈哈，大家又笑了一次。）

小良：「你-們-笑-我-喔！」（自己也在笑。）

小君：「他還會幫雲媽咪洗碗。」（真的，而且學雲媽咪三槽洗滌。）

小毅：「他拿衛生紙給我擦鼻涕。」（這件事，老師還沒發現耶。）

老師：「小良很喜歡幫助同學喔！」

小琮：「放學時，我忘記帶水壺，他就拿水壺給我。」

小威：「上次他咬我，結果是要說——有蚊子要關門。」

小諺：「他現在上課會一直說話，但是聽不懂他說什麼！」

老師：「小良真的進步很多，那我們來畫小良吧！」

小柏：「頭髮短短的、是男生。」

小瑄：「很喜歡笑！」

小瑜：「他一直離開座位。」（小良剛開學時，是隨意的離開座位，而後就「找藉口」離開座位。）

開始畫小良後，老師說：「如果忘記小良長什麼樣子，可以轉頭看他。」當有孩子轉頭看小良時，小良竟然比「YA」的手勢；而畫到一半時，小君說：「我看不到小良的頭。」老師還未處理之前，小良就直接跑去小君的面前說：「偶-在-這-裡。」老師心想，又給你找到機會離開座位啦！他就是這麼一個愛離開座位、又喜歡幫人，像猴子一樣到處亂跳的小良。在這一個頁面中，包含小良的行為及作品：

班上孩子所畫出心中的小良

· 特點一：小良的頭髮特別短（他總是留著接近平頭的髮型），每一次他剪完頭髮都是頭低低的不敢進教室，一直到老師說他很帥，他才抬頭；耳朵也被畫成大大的，因為頭髮短才顯現出耳朵大。

· 特點二：動作都是蹦蹦跳跳的，小雯還畫了小良爬上椅子的模樣，真的很像一隻猴子，手腳都晃來晃去，會一直離開座位。

· 特點三：孩子畫出來的小良，都是笑的很開心的表情，因為對小良而言，似乎每天都是愉快的，就算被老師責罵，還是笑嘻嘻的表情。

小良的創意作品——校樹

我們在畫校樹時，是將桌椅拉到教室外，讓孩子觀察後才完成的，戶外活動空間大，原本擔心小良去戶外太興奮，又會藉機走動，所以在活動

◀老師：「這是什麼？」

小良：「蛋蛋！」

老師：「為什麼要畫蛋蛋呢？」

小良：「我要雲媽咪煮！」

（已有主題而非隨意塗鴉，且會說自己的想法。）

進行前，我們先告訴小良：「等一下要去外面畫樹，要認真的畫，才可以去玩。」小良似懂非懂的點頭。

活動開始後，小良真的就坐好畫圖，只是有幾次離開座位和同學換顏色。

看見小良完成的圖畫，替他感到開心，他真的畫出一棵長的像椰子樹的樹，雖然學校沒有椰子樹，但是他了解老師說的要求及指令，老師說：「樹要有樹幹、樹枝、樹葉。」小良也正確的畫出來，且他畫的樹枝是分枝的，樹也是從地上和泥土裡長出來的，樹葉也正確的長在樹枝上；小良除了說話能力進步之外，也聽得懂複雜的指令及語句。

一學期的時間，小良進步很快，或許是之前未就學時的環境刺激不足，因為爸爸工作很忙，主要照顧者是國台語、越南語並行的媽媽，而讓小良無法把話說清楚。一入學後，多了學校這個大環境的刺激，讓小良一下子進步很快，就像他畫的大樹一樣，該有的部分都有了，只是怎樣如何讓這棵樹長得更好更高，就是我們老師及家長要努力的地方了。

下頁的圖是開學時小良所畫的心情日記，和學期末時所畫的大樹是不是進步很多呢？

班上孩子對於小良的認識及想法

・這是我們班的小良，他會咬人和打人，因為他不知道要怎麼說。

・吃完飯的時候，老師會去搶他的棉被，因為老師要讓他練習說話。

老師對於小良未來的期許

代表小良的那一頁底圖，畫上美麗的藍色天空和白雲，我們希望他像天使一樣潔白，繼續熱心的幫助人，同時也期許他擁有廣闊的未來。

第三頁｜大家的小可愛小嘉

小嘉是輕度肢體障礙的孩子，小小的小嘉來上學後，就曾聽到其他家長詢問：「老師，你們也收三歲喔？」老師說：「不是啦，他已經唸大班，只是個子比較小。」我們心想小嘉什麼時候才會長高呢！答案是「不會」，小嘉就學一年，身高都沒變，體重增加兩公斤。體重變重就要感謝雲媽咪好吃的餐點，身高我們就只能期望他自己多加油囉！

汐止天氣多雨，今天好不容易放晴，我們要在戶外上課，於是決定搬教室桌椅去室外來個露天教室，較大的孩子還要負責搬桌子出去，而較小的孩子只要搬自己的椅子就可以了。小嘉只比椅子高一個頭，但也要負責自己的椅子，他扶著椅子站在旁邊，不知所措的樣子，就發現小威一隻手伸過去「我幫你拿」，一個溫馨感人的畫面就出現了。但是我們心想，小嘉雖然身材矮小，但他的力氣拿椅子是足夠的，是需要讓他多練習力氣，而後，我們也特別的注意小嘉和同學之間的互動，才發現原來大家都喜歡幫助他，但是小憶的力氣更小，為什麼比較少人會主動幫他呢？原來是因為大家都覺得小嘉是年紀小的孩子，對於這件事，我們也和孩子進行機會教育：

老師：「主動幫助別人是一件很好的事情。」

老師：「你們幫助小嘉做過什麼事情？」（使用白板記錄。）

小威：「上次我幫他搬椅子。」

小文：「我牽他去上廁所。」

小君：「畫心情日記，我教他寫號碼。」（他其實是幫他寫。）

小珊：「擦桌子的時候，我幫他把抹布擰乾。」

小憶：「小……嘉。」（舉手，說了小嘉的全名，特殊生之一。）

小琮：「我有幫他拿睡袋。」

老師：「嗯！你們都很認真幫助他。」

「搬椅子、廁所、寫號碼、扭抹布、拿睡袋，這些事情小嘉可以自己完成。」

「我希望你們都可以當小老師，想想看！有什麼好方法可以教他，不要幫他。」

「讓小嘉有機會慢慢的練習，如果你們都幫他，那他就沒有練習的機會了！」

　　原來，班上孩子見到小嘉弱小的樣貌，立即發揮自己身為小哥哥、小姊姊的責任，很主動的幫助他，小嘉的確是長的很可愛，又愛笑，有時候會含著眼淚哭哭。不用他開口，大家都很願意幫他，也正因如此，小嘉越來越依賴，他只要動作慢一點、傻笑一下，就有同學去幫忙，老師很感動孩子這麼的熱心助人，但同時也擔心小嘉這麼依賴下去好嗎？他會不會覺得別人幫忙是應該的？是不是也該讓他練習該做的事呢？這樣他會成長嗎？老師發現小嘉的依賴後，我們告訴全班的孩子，「不要幫他，要教他」、「如果每次都幫他，那他就永遠學不會。」就這樣，小嘉開始練習自己的事情自己做。

　　有一次在為戶外教學做行前準備，請孩子記錄並畫下所需要準備的東西，在課程當中，我們讓孩子使用文字及圖像記錄當天所需要的四樣東西。我們不要求孩子要畫的多像、文字要多漂亮或多正確，而是以他自己的方式記錄下來，只有認真與不認真，沒有好或不好；就在課堂中老師說明後

▲大家像照顧小弟弟一樣照顧小嘉，小嘉也很配合。

請孩子開始動手畫，結果我們就聽到如下的對話（小君就坐在小嘉的旁邊）：

　　小嘉：「……」（拿著筆，傻笑。）

　　小君：「你不會畫喔？」

　　小嘉：「不……會！」（很小很小的聲音說話。）

　　小君：「我教你，這裡要畫水壺，去看你的水壺長怎樣！」（手比著紙上要畫的地方。）

　　小嘉：「……」（依然傻笑。）

　　小君：「哎喲！我幫你啦！」（有點不耐的表情。）

　　　　　（小君開始在小嘉的紙上，畫一點一點的小黑點，小黑點就慢慢點成水壺的形狀。）

　　小君：「拿去，照著上面連起來！」

　　老師：「哇！小君你好棒，你怎麼會這樣教他！」

　　小君：「上次老師就這樣幫他啊！」（老師也的確曾經這樣幫他。）

　　這一個「點點教學」，身為老師真的很感動，除了小君用點點連線的方式教小嘉外，孩子也用這樣的方式來教其他不會的孩子，似乎在我們班上孩子是學習者同時也是教導者。班上的孩子，用「教」的方式，而不是「幫」小嘉之後，他開始遇到不想做或是懶得做的事情，就坐在位子上哭

◀老師進行戶外活動時，說明需要請孩子帶來的東西，並請孩子記錄下來。

◀前者：普通生所畫的作品。
　後者：老師使用點點教學，讓特殊生仿畫。

或是寧可不做，我們還是告訴孩子不要幫他，教他就好，讓他自己動手做，幾次活動下來，現在他也發現沒人可以幫他了，一切都要自己來。

相信小嘉也感受到「為什麼以前大家都幫他，現在只幫他一點點」，我們在個別談話的時間，也告訴小嘉：「現在自己的事情，要自己練習做，你才會越來越厲害！」「大家現在都不幫你，只會教你。」「你自己要加油喔！」一陣子之後，小嘉依賴的個性也的確改善很多。其他老師們都鼓勵孩子要幫助他人的同時，面對小嘉我們卻告訴班上的孩子，不要幫助他，而是教他，我們認為，要依孩子的個別差異及需求給予最適切的指導，什麼都幫他處理好，那他自己就無法成長了。

在面對一群孩子時，相同的事情發生在不同的孩子身上，就有不同的處理方法；予以不同面向的指導，也會有不一樣的收穫喔！就是這樣的小嘉，在班上像是一個小弟弟，大家都對他照顧及呵護，孩子們在畫小嘉時，也出現很多相似的特徵。

當我們請孩子畫小嘉時，只告訴孩子：「如果你忘記小嘉長甚麼樣子，那就抬起頭來看看他。」活動中，當有孩子轉頭看小嘉時，小嘉就對他笑一下，他真的很像小嬰兒，需要人注意、呵護。對孩子而言，他是這

樣的一個角色；對老師而言，雖然動作都比別人慢，一件事情要跟他重複說很多次也無法要求他跟大家一樣，但在他身上看不到討厭與生氣，也不曾與誰發生爭執，似乎所有的事都可以用他可愛的笑容帶過，雖然他的認知比別人慢，但這樣的好個性相信對他的未來有很大的幫助。

而課堂上的畫作，需要小嘉特別「命名」，屬於它自己的風格，因為充滿了抽象的創意。而在這一個頁面中，包含四個部分：

班上孩子所畫出心中的小嘉

· 特點一：身形瘦瘦小小的、身高矮矮的、頭髮短短、臉尖尖小小的，我們給孩子相同大小的紙張，大家畫出的小嘉，都比畫其他人時特別的瘦小。

· 特點二：有幾位幼生畫出的小嘉，是眼淚往外噴的表情！應該是他發現再怎麼哭，也不會有人幫他做吧！

· 特點三：大家畫的小嘉都穿長褲，不是因為小嘉總是穿長褲，而是因為小嘉真的太小了，所穿的短褲看起來都像長褲。

小嘉設計的創意書店招牌

某一次的戶外教學，參觀誠品書店回來後，我們請孩子設計自己的書店招牌，小嘉當然也需設計一個，在他的作品當中，他畫○○代表文字，招牌設計的部分，則是用一團一團的顏色代表他的創意，看到他的作品時，心想，他真的知道我們的主題是甚麼嗎？雖已經有課程主題，但還是問他：「你畫的是什麼？」小嘉回答：「書……店。」小嘉的聲音很小，老師說：「聽不清楚，可以大聲一點再說一次嗎？」老師希望他練習大聲說話，小嘉又回答：「書店。」這次比較大聲，而且他知道主題是什麼耶，為他的進步感到高興外，又觀察了他的畫作，其實他已經把長長的形狀畫出來，以成人的角度來看，的確很難發現主題是什麼，但是站在小嘉的世界，他很認真的依照老師的主題去完成，且這次沒人幫他也沒人教他，或許小嘉想呈現的跟他所畫出的有落差，但是我知道他很認真，他不再只是

任意的塗鴉，會說出主題是什麼，也朝著這個方向努力，我想，這就是他進步的表現。

班上孩子對於小嘉的認識及想法

・這是我們班的小嘉，他很小，老師說：「不能幫他，只能教他。」

・他不會畫圖，我們就用「……」教他。

・他說話很小聲，但是聲音很好聽。

・他是大家的小弟弟。

老師對於小嘉未來的期許

代表小嘉的那一頁底圖，畫上雲朵及彩虹，希望他的未來也是充滿色彩及希望，有一天也能爬上屬於自己的天空。

◉ 第四頁｜ 來學校洗澡的小憶

　　九月開學時，小憶正式進入幼稚園就讀。我們發現，小憶除了會說「阿巴」和「糖糖」以外，其他的話都不會說，而且幾乎聽不懂老師指令。大小便無法自理，無論是站、坐、蹲還是躺著，想尿就尿、想大就大，小嘉也是如此，正好兩個一起訓練。且流鼻涕就會直接往身上擦，睡前穿的衣服，隔天也就直接穿來學校，看起來是連爸爸的習慣都一樣，所以除了教孩子外也要教家長了。父女倆的衣服都髒兮兮，衛生習慣也不好；第一次跟爸爸對談時，竟然就在教室搓起香港腳，還跟我們說他腳癢，但我們也不禁同情起小憶，單親家庭的環境下成長，唯一模仿的對象就是爸爸，也難怪他會如此。「就學」對小憶來說，我們是替他感到高興的，小憶的模仿對象又多了老師。

　　而對於髒兮兮的小憶，也使我們思考其他孩子會不會接受他，因為小憶的外型也的確讓人不想接近，於是我們從改變外型著手，不斷叮嚀爸爸，每天一定要幫他洗澡、換穿乾淨的衣服，同時也提醒小憶，如果能保持身體的乾淨與整齊，那麼就能得到獎勵。小憶在班上並不是很有人緣，每次的分組或排隊，大家都不主動找小憶，以老師的立場我們是願意去抱他、牽他，為何其他孩子不願意，除了老師以身作則外，我們思考著，班上也有其他的小朋友，但為什麼對小憶特別排斥，是不是要強迫孩子去牽他，用強迫的對其他孩子公平嗎？換個角度思考，如果要我們跟小憶的爸爸牽手，我會願意嗎？我們思考過後，決定對小憶改變策略，先讓小憶改變自己，再讓其他孩子接受他，其他孩子從一開始不願靠近他，到慢慢接受他，老師也不斷找機會請他幫忙能力所及之事，再予以鼓勵。

　　我們在畫小憶的課程中，和班上的同學討論起小憶的行為：

老師：「你畫小憶的頭髮，是用不同的顏色畫嗎？」

小琳：「不是，是小憶自己剪頭髮，那裡禿禿的。」（後文說明
　　　剪髮事件。）

老師：「真的，你觀察的好認真喔！」

小冠：「老師跟他講了，他還一直剪！」

小君：「那裡禿禿的很醜！」（手指著額頭上方處。）

小雯：「雲媽咪有幫他綁頭髮。」

老師：「你覺得小憶有厲害或進步的地方嗎？」

小雨：「他吃飯吃很快！」（其實雲媽咪給他的飯量比較少。）

小雯：「他不會，我都有教他。」（小雯的座位在小憶的旁
　　　邊。）

小諺：「他以前身上有味道，現在沒有了！」

小威：「他會拿抹布擦桌子！」

小文：「他會餵小筑吃飯！」

小君：「可以和小嘉一起跑完操場！」

小琮：「他的好朋友是小嘉。」（小憶和小嘉經常一起活動。）

　　小憶有一次來學校時，額頭上多了一大塊沒有頭髮的地方，問了小憶為什麼會這樣，小憶沉默不語，向爸爸詢問之下發現，原來小憶自己拿大剪刀「剪頭髮」，天啊！對於一個沒力氣、連穿鞋都會抖手的孩子，拿剪刀往額頭剪去，竟然沒受傷，他這種行為算很厲害吧！為他感到進步之外，對於他把自己剪成那樣也真是無奈。第一次剪髮事件發生後，我們告誡他：「再剪頭髮會醜醜，就沒有裙子可以穿。」他很喜歡穿裙子，但爸爸從來都不買裙子給他穿，我們買裙子送他，等他學會不尿褲子了，表現進步時再給他穿。

　　好不容易頭髮長出來了，不久，又發生第二次剪髮事件，我們這次換了一個方式，我們將所有留長髮的女生，都綁了漂亮的髮型，並告訴小憶：

「你的頭髮長出來，老師再幫你綁漂亮。」這個方法果然很有效，每一個小女生都是很愛漂亮的。

小憶自剪頭髮的造型，其他孩子似乎都感到特別，也許是事情才發生後不久，我們就著手進行「繪本創作教學」，所以孩子對那個禿禿髮型記得很清楚，當在畫小憶時，大部分的孩子都畫了他禿禿的特徵、瘦瘦的身形、有些還有髒髒的衣服，但是有些孩子卻已經注意到小憶開始穿裙子了。對於一個原本不被大家接受的孩子，到大家發現他的進步，且能夠用「同理心」來看待他，而大家所畫出的小憶也真的很像他平常的行為。

一次的午飯後，小憶很快的吃完飯，心想，是不是可以請他做別件事呢？於是嘗試的告訴他：「你可以幫我餵小筑吃飯嗎？」小憶就開始餵飯，後來發現這是讓他練習力氣的好機會，使用湯匙放入別人的口中，這也需要手眼協調，小憶很認真的做這件工作，而且他很喜歡，因為每次小憶吃完飯，就會跟老師說：「小憶餵……飯。」其他吃飯很快的孩子，也主動跟老師說：「我也想餵飯！」什麼都不會的小憶，竟也讓我們班流行起「餵飯」！

小憶在我們的特殊生當中，是狀況最讓人擔心的孩子，除了體能上比一般孩子弱，對於課堂上的教學，無論是否有主題的活動，他很難懂老師的意思，常常做出活動主題之外的事情。

一次在畫「我、自己、臉」的活動中，小憶用大圓圈包住中圓圈再包住小圓圈，畫了一堆圈圈，因為是有主題的課程活動，老師適時的阻止小憶再畫下去，說了一句：「小憶畫的圓圈很圓喔！」在那一次的作品，小憶用圈圈代表很多圖像，當我們問他：「你畫的是什麼呢？」他的答案是：「畫……畫。」老師又問：「你畫的這是誰？」手也比在圖畫紙上，小憶還是回答：「畫……畫。」我們心想，他到底是隨性的塗鴉？還是知道自己在畫什麼呢？

這問題還沒答案之前，我們又想，如何可以讓他的作品看起來跟大家

一樣呢？其他孩子也會覺得他的作品很可愛，所以就幫他貼上了活動眼睛，且告訴其他的孩子小憶不會畫眼睛，所以老師幫他貼上眼睛，當我們把作品展示在教室外時，大家真的很開心的去欣賞，放學時小憶的爸爸看到這個作品也說：「你畫的真古錐。」這可能也是爸爸第一次讚美他吧！小憶這一天，似乎更開心的跟爸爸回家，我們也同時決定將小憶這次的作品放入故事中。而在這一個頁面中，包含：

班上孩子所畫出心中的小憶

・特點一：小憶的額頭上，都會有禿禿一塊的顏色，手腳是細長的。
・特點二：頭髮短短的，嘴巴也都是有點開開的。
・特點三：身上的衣服，總是有些髒髒灰灰的、經常穿粉紅色灰灰的睡衣。

小憶的創作作品

　　小憶畫了大大小小圓圈的隨性塗鴉，其實會以圓圈來代表事物，大概是三歲半左右孩子會表現的繪畫能力，但小憶已經是大班的孩子，雖然他的心智能力較一般孩子慢，但我們給他機會讓他慢慢練習，他就會慢慢進步。在他的作品黏上活動眼睛外，再由老師進行裁剪（小憶畫的臉型，有小小的修剪），而這樣的小小創意，對特殊生而言，自己看了很開心，家長也對他表示認同並讚美，對小憶來說是成就感的建立。

班上孩子對小憶的看法

・這是我們班的小憶，他會忘記去上廁所，都要大家提醒他。
・很多事情他都學不會，我們就是他的小老師。
・他吃飯很快就可以餵同學吃飯，還會幫忙老師擦桌子。

老師對小憶的期許

　　我們在小憶的頁面當中，畫上一層層的高山，因為在小憶面前還有很多的問題及困難需要克服，希望他能勇敢的越過一座又一座的高山。

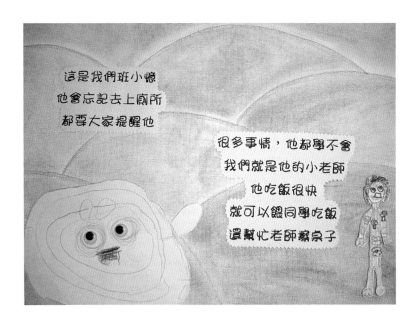

這是我們班小憶
他會忘記去上廁所
都要大家提醒他

很多事情，他都學不會
我們就是他的小老師
他吃飯很快
就可以餵同學吃飯
還幫忙老師擦桌子

◎ 第五頁｜超級害羞的小翰

　　新生開學時，我們告訴所有的孩子，星期一要穿學校的黃色運動服，因為星期一是運動日，後來卻因為學校位於汐止潮濕多雨之影響，就告訴孩子天氣好的時候，就會出去運動。認真的小翰，在每一次天氣好的時候，就穿著黃色運動服來學校，在其他孩子的眼中，很明顯的小翰就只穿黃色運動服。平常我們並沒有觀察到，而是孩子在畫小翰時，大家都畫穿著黃上衣，老師才發現這樣的特點。如果每一位孩子都像小翰一樣，對於「指令」聽得清楚又認真，那當幼稚園老師一定每天都很開心，但這是不可能的。而且如果孩子都一樣，那上起課來也是滿無聊的吧！

老師：「你們畫小翰的衣服，為什麼都畫黃色呢？」

小冠：「他每天都穿黃色運動服啊！」

老師：「哦！真的耶，只有他記得穿黃色運動服！」

老師：「你們覺得小翰還有哪裡很棒呢？」

◀老師和小朋友討論班上的小翰，因為等一下就要來畫小翰囉！

小羽：「他是科學角的小老師！」

老師：「還有哪些進步的地方？」

小琳：「他以前都跟小瑜當好朋友，現在他會跟別人說話。」

（小瑜和小翰是從小到大的鄰居。）

小君：「他吃飯的時候，老師給他計時器。」

老師：「為什麼要給他計時器呢？」

小文：「他看著計時器就不會發呆，會趕快吃飯。」

我們班那陣子開始流行使用計時器吃飯及上廁所，大家都趕在嗶嗶聲響前做完事情，開始時，只是因為小翰而開始使用計時器，而後發現大家都愛用，一方面幫助了班上容易分心動作慢的孩子，另一方面孩子也對數字及時間概念（分、秒）有進一步的了解，對我們而言，是滿好用的小道具。

在畫小翰的時候，孩子都將小翰的眼睛，畫成同時看相同的方向，這就是小翰的習慣動作，其他孩子當然不知道，小翰的眼睛會看旁邊或上面，是因為他緊張、不知所措，只是單純的畫出他們眼睛所看到的事實，對孩子而言不具任何意義；但對老師而言，讓我們更加了解小翰的擔心及害怕。

在一次單獨對話中，我們問小翰：「你最喜歡來學校做什麼？」原本想他會回答：「科學角小老師。」如此認為是因為這個活動讓他有機會與他人自然相處，而且是他最有興趣的科學也獲得大家的肯定，建立他不少的信心。原來的小翰不會主動與人交談，當了科學角小老師後，其他的孩

子會主動找他說話，人緣增加不少。

　　但在詢問之下，原來他最喜歡的活動是某一次的戶外教學「參觀誠品書店」，令我們感到意外。那一次活動中，我們請義工家長協助開車至車站轉搭捷運，到達目的地後，以分區的方式讓孩子自由選擇想要閱讀的書籍，因為是書店，所以活動當中一定要保持安靜，不可以說話。

　　原來這就是小翰最喜歡的活動，不需要和人對談、可以自由的選擇書籍也不需要處理突發狀況，彼此之間是沒有干擾的，真的也很符合小翰的性格。我們一味的擔心他不知道如何與人相處、擔心他沒有自信心、擔心他不會控制情緒；殊不知或許他覺得自己一個人也很好，自由選擇自己想做的事情，不用與人交談很輕鬆。

▲戶外教學後，我們請孩子設計屬於自己的誠品書店，不同的招牌圖樣及門面，孩子都很認真的完成。

　　而小翰在設計誠品書店時，所選擇的蠟筆，大多都是屬於冷色系（藍、綠）的顏色，以兒童藝術治療的角度，會做此選擇的幼兒多半都是不參與的和壓抑性的；小翰的精細動作能力原本就不太好，所以當他拿起蠟筆時，以輕微的力量畫出作品，也顯示出他無法很隨意的控制筆的方向。我們猜測或許是他內心情緒的不穩

▲孩子在畫圖的過程中，老師可拿起作品予以讚美，再請孩子繼續畫，藉此互相激勵及提醒。

定、不擅主動拓展人際，甚至是害怕參與有互動的活動。看孩子所呈現的畫作、用色，來了解孩子的心境，是值得我們好好研究的一部分。

　　因為小翰最喜歡的活動是「參觀誠品書店」，所以我們將介紹小翰的那一頁，放入了小翰設計的誠品書店招牌。而這一個頁面內還包含：

班上孩子所畫出心中的小翰

- 特點一：大家畫小翰，一定都是穿著黃色上衣。
- 特點二：小翰有圓圓大大的眼睛，但眼睛總被畫成同時靠左側看或同時靠右側看。
- 特點三：站姿都是直挺挺，兩手開開的。

小翰最喜歡的活動，所設計的招牌——誠品書店

　　進行畫誠品書店的活動時，我們告訴全班的孩子「請設計一個自己的誠品書店招牌」，其他孩子在設計時，會加上門的設計，小翰設計時，老師走過去問他：「你要不要也畫上門啊！」只見小翰緩慢的轉移他的頭說：「招牌沒有門。」對耶，招牌就是招牌，沒有門啊！小翰的直接回答，很像他堅持又正直的個性。

班上孩子對於小翰的認識及想法

- 這是我們班的小翰，他很害羞。

- 他現在會對人笑，可是以前不會。

- 他吃東西很慢，還會把食物拿出來玩，老師給他計時器，他就可以‧吃
  的很快。

老師對於小翰未來的期許

　　將底圖畫成花朵的圖樣，是期許小翰能慢慢將自己的心房打開，在現
實社會中，能自然的與人相處並愉快的融入生活中。

◎ 第六頁 ｜ 熱呼呼的大便

　　第一次見到小嘉時，弱小的身影吸引了我們的目光，這是中班的孩子
嗎？身高不到九十公分！而且還包著尿布來上學，媽媽把他揹在身上，心
想，開學後真是有得忙了！小嘉上學的第一年，我們光是照顧及教導他的
生活自理就已經忙得暈頭轉向，更別說其他的課程需要老師們耗費多少心
思來教他。

　　就在小嘉升上大班後不久，小嘉送給大家一個禮物「熱呼呼的大
便」；此時，聽到小朋友說：「好臭喔！怎麼這麼臭？」另一個小朋友
說：「啊！大便。」正當想化解這尷尬場面時，企鵝老師一腳踩在大便
上，此時，全班「哈哈哈哈」大笑，這是誰的大便啊？就發現小嘉一臉無
辜站在旁邊，身上也有異味，於是全班轉移上課陣地，好讓小嘉處理他的
「禮物」。在處理過程中，我們先將小嘉的褲子換成乾淨的衣褲，而後請
他自己將地面，使用小掃把、抹布清潔乾淨，老師在旁邊協助及指導。

　　為什麼要讓小嘉自己清理呢？我們希望他可以負起責任，雖然大家接
受他的行為，且當成是一個好笑的事，但並不代表這是一個好的行為，所
以我們讓孩子自己整理，不只是小嘉，只要班上有人將食物打翻……等，
我們都請孩子自己收拾，所有的孩子都一樣，小嘉也不列外，只是他要花

費比較長的時間來整理，小嘉認真的清潔了一個上午後，他就再也沒有發生在教室大便的紀錄，而是有幾次是快到廁所時，才大下去，對升上大班的小嘉而言，這就是一種進步，而這齣小小鬧劇，就在孩子的心中留下深刻的印象。

發生這件事情之後，孩子提出許多疑問，而小嘉就成了我們討論的主題：

老師：「為什麼小嘉會大在褲子上？」

小良：「大……便……很……臭。」（手勢是很臭的動作，特殊生之一。）

小琮：「啊！他就來不及去廁所，就大便了！」

小威：「他走路好慢好慢喔！」

小雯：「他長那麼小，當然！」

小豪：「他怎麼都沒有長高？」

老師：「我也覺得很奇怪耶，他怎麼了？」

小君：「他講話好小聲，我都聽不到！」

小姍：「對呀！他可以用麥克風說話啊？」

老師：「有時候可以讓他用麥克風說話。」

老師：「小嘉會不小心大下去，我們要怎麼幫助他呢？」

小君：「帶他去上廁所。」

老師：「可是他會來不及，怎麼辦？」

小文：「大家去廁所的時候，他一定要去。」

老師：「那以後吃完點心和午餐時，請小嘉一定要去廁所。」

小玉：「水喝完，也可以請他去廁所。」

因為小嘉的大便事件，大家覺得好笑又無奈，所以也將這個特殊事件放入繪本當中，第一部分就是先將畫面上需要的內容決定出來，有當事者

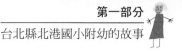

「小嘉」、踩到大便的「企鵝老師」、旁邊的「同學」、發生事件的「現場」、地上的「大便」，在之前的活動中，大家畫了很多小嘉，老師問：「哪一個動作最像是不小心大便在地上的樣子啊？」由大家票選；而踩到大便的企鵝老師，則是請孩子上台模仿，「如果是你不小心踩到大便，是什麼表情？」孩子對於這個活動都感到很開心，似乎大家都想踩大便，模仿完後便決定出企鵝老師踩到大便嚇一跳的表情。

　　而旁邊發現的同學，原本放了很多的小人偶，但決定事發現場後，旁邊的同學就只留一個，且是路過人的背影，這樣才知道哪個是小嘉、哪個是同學；而發生事件的現場，是教室語文角的書櫃前面，書櫃就要有書啊，

◀班上的小朋友所畫的大便，小朋友還畫了臭味呢！

那要怎麼做呢？小雯說：「畫小小的書貼上去。」老師說：「這是好方法！」於是就將紙裁成3×5公分左右的大小，紙小張，筆就要選擇細的才好畫，我們請孩子畫出縮小版的故事書封面，我們心想，紙會不會太小張，但是看到孩子畫出來的成品後，這些孩子真是太厲害了，除了仿寫上正確書名外，連故事書封面的圖案也認真的畫上去，老師看了也忍不住畫了書櫃，把這些可愛的小小書擺上去，於是整個書櫃便完成了。

將書櫃貼上去後，就發現擺不下太多旁邊的同學，所以就決定只擺一位已經要離開事發現場的人。另外，還有一個主要的角色就是「大便」，請想要畫大便的孩子，畫一些散落的大便，於是就完成了這一個大便的故事，而在這一個頁面當中，我們也發現，讓孩子畫人物的背影，貼在頁面上時，主角很容易就顯現出來，這也是在構圖時一個很好的方法。

◎ 第七頁｜ 重重的湯匙

無論做什麼事都會發抖，也沒力氣吃飯、穿鞋，拿一點東西都拿不動，而且一直不停晃，走路時會左搖右搖，講話嘴巴有點歪斜的小憶，他最常說的話就是「阿……巴」；爸爸帶著他入學後，我們發現小憶似乎跟不上其他孩子。

小憶爸爸說：「老師，我子卡憨慢。」「他大雞慢啼啦！」老師：「我們會慢慢教，讓他慢慢學，你要跟我們配合！」於是和小憶爸爸開始了親師溝通之路，從找不到方法幫助小憶，到專業治療師的建議，在家長、學校、專業人員的共同努力下小憶確實進步很多。

小憶的手抖的很厲害，經常因為不斷抖動的手部，而將食物灑落在桌面上或者打翻飲料或湯，也沒有力氣擰抹布。後來經醫生檢查後，發現小憶的骨頭密度比一般人低，力氣比較弱，所以我們也更加的小心，盡量不要讓小憶跌倒或有劇烈的碰撞，並且安排他盡量坐在靠近防撞板的位子以免骨折。

與醫生及治療師談過之後，我們必須要給小憶練習力氣的機會，打翻食物要自己收拾、自己穿鞋（可黏式的布鞋而非他平常穿的拖鞋）、多練習走路，並建議爸爸於假日時，帶小憶騎三輪腳踏車。但我們後來發現小憶似乎是用力的部位錯誤，「拿湯匙的時候，需要手腕、手心、手指用力，但小憶是用肩膀的力量在拿湯匙」、「爬樓梯的時候，應該是小腿用力，小憶則是大腿用力，所以腳才一直抖」。所以我們於每次活動前，握住小憶需要用力的部位，告訴小憶這裡需要用力，慢慢的陪他練習。

　　原本使用沙包讓小憶練習走路，也想用同樣的方法讓小憶練習手部力氣，但發現吃飯的時候，套在手腕上可能有點重，老師套在小憶的右手，小憶就用左手吃飯，老師把兩隻手都套上重力，小憶就不吃了。

　　使用沙包幾次後，雲媽咪有一次和家人一起去吃牛排，雲媽咪赫然發現那家店裡的湯匙特別重，但大小和我們平常所使用的湯匙一樣，於是便向牛排館要了一隻湯匙回來，並告訴全班這一隻湯匙是小憶專用的，小憶也不覺得自己和別人不一樣，很開心的拿「專用湯匙」，小琮說：「我想拿拿看。」他拿之後，只說了一句話「好重」，應該沒有其他人想跟小憶拿一樣的湯匙吧！成功解決了小憶吃飯的問題。

　　小君說：「小憶的手一直抖一直抖，雲媽咪給他重重的湯匙，他就不抖了！」大家對於小憶的進步，也有認真的發現喔！身為老師很感動，雖然他衣服有點髒、說話不清楚、動作都跟不上大家，但他的進步及認真大家都知道。

　　這一個湯匙事件對於小憶而言，代表了老師很關心他、努力找到幫助他的方法，或許他能了解也或許他不知道；但對其他孩子而言，小憶真的需要大家的體諒及協助。

　　我們也將這一個故事放入頁面中，場景是在教室木地板上、有拿湯匙給小憶的雲媽咪、沒力氣的小憶、其他同學，還有教室的桌子，其實這個場景一開始只出現小憶拿著重重的湯匙還有雲媽咪教他使用，後來：

小君：「吃飯的時候，有別人啊！」

小雯：「要拿一些同學貼上去！」（是拿一些小人偶吧！）

小冠：「要貼背後，才知道誰是小憶！」（是背影吧，想讓故事主角被
　　　　凸顯出來。）

小羽：「也要有吃飯的桌子！」（孩子畫桌子，似乎就是所謂
　　　　「展開式的圖畫」，有點像是俯瞰圖，很有特色。）

小瑜：「吃飯要有碗啊！」（大家的手上都被放了一個碗。）

小琮：「啊！」（突然大叫。）

小琮：「雲媽咪穿鞋子進教室耶！」

老師：「對耶！教室不能穿鞋子進來！」
　　　　「小琮那請你幫忙，幫雲媽咪換雙光腳丫吧！」

小琮：「好！」（他很認真把雲媽咪的腳剪掉，換上光腳丫！）

小美：「其他小朋友也是穿鞋子啊！」

小諺：「那是襪子啦！」（就當做那是襪子吧！）

當畫完人物場景後，再來就是畫背景圖案了，這個畫面的背景圖案是「教室的木頭地板」，這部分則是和美勞角的小朋友一起完成的，先將木頭地板的紋路畫出來，然後使用「粉彩」，是一種著色的材料，再用棉花當畫筆，過程中孩子很開心，且因為力道不同，所以會有色差，反而更像教室內使用年限已久的木頭地板顏色，將畫面組合完成後，一個溫馨的故事就呈現在畫面上。完成後我們也發現，有一個好用的繪畫素材，就是「粉彩」，原本擔心既不是用筆、也不是用手指畫，而是用棉花當畫筆，用畫圓圈的方式來回塗畫，孩子會用嗎？答案是他們很喜歡，而且粉彩可以混色，不像水彩需要準備那麼多的道具，所畫出的顏色也和實體物相像，是一個好用的美勞素材。

◉ 第八頁│科學角的神奇

「好！現在把汽水倒進去了，再把彈珠放進去。」「把紅色的黏土和黃色的黏土，揉在一起，然後就變顏色了！」「大家都要幫忙收拾。」這些是每天在科學角會聽見的話，而小翰就是科學角的小老師，一位不會主動和人說話、眼睛不會直視對方、面對環境改變會手足無措的孩子；我們發現他喜歡看科學類繪本、對校園的植物及昆蟲專注力持久，於是和家長討論後決定讓他當科學角的小老師。

小翰科學角──觀察紀錄：

這是小翰今天科學角主題：【雞蛋在不同的溶液中沉浮的情形】，從選擇科學活動到道具的準備，媽媽表示這全都是小翰自己翻書決定的，並主動請媽媽準備道具，好讓他帶到學校教其他的小朋友。

而今天是第三次教小朋友這個實驗了，就在小翰將雞蛋從蛋盒中拿出來時，「雞蛋破了」，老師假裝沒有看見，站在美勞角

觀察小朋友，但可以從鏡子看到小翰的處理情形，小翰一發現雞蛋破掉時，先是愣了一下，接著就自言自語的說：

「應該沒關係吧！」「我擦乾淨就好了！」「雞蛋破掉人又沒有受傷！」

然後將破掉的蛋放入蛋盒中，有一些蛋白及蛋黃掉落在桌面上，小翰請小威幫他看著桌子，然後到水槽邊拿抹布，走回科學角後，一邊擦桌子，一邊唸唸有詞的說：

「擦乾淨就好了！沒關係的！又沒關係！」

收拾完畢後，老師假裝不知道發生什麼事情走過去問：「發生什麼事情？」

小翰說：「只是雞蛋破掉了，但是沒關係因為實驗已經做完了！」

老師再問：「破掉的蛋呢！」

小翰：「我丟掉了，桌子也擦好了！」

老師說：「幸好科學角有你在，要不然我就要收拾滿地的雞蛋了！」小翰就笑了。

就這樣，他開始一次面對五位小朋友說話，老師讓他用自己的方式帶領小朋友做科學實驗；當第一次科學意外發生時，他含著眼淚呆站許久，老師只說：「沒關係，試試其他方法。」幾次之後，就會聽到小翰低著頭在科學角自言自語的說：「發生這個事情，又沒有關係！」

班上幼生常說：「小翰好屬害喔！什麼都知道。」「我要選科學角、科學角好

▲這是小翰，有一次在科學角所準備的活動。小翰說：「試試看，是什麼味道，等一下再拿水。」

好玩！」一個不善於溝通、又容易緊張的孩子，卻可讓其他的孩子願意專注的聽他說話，而這樣的上課畫面，不管是對小翰還是其他幼生而言，都是特別的經驗。

決定選擇這個特別的教學活動，將這一個故事放入頁面中，開始和孩子討論該如何呈現這個畫面，並發現孩子的創意想法（孩子一邊說，老師記錄在白板上）：

小淳：「科學角有桌子，還有實驗的道具。」

小君：「那些都是小翰帶來的！」

小冠：「科學角的後面有透明的窗戶。」

小文：「窗戶外面還有樹耶，還有一間房子……」（離題啦！孩子。）

老師：「教室裡的科學角還有什麼呢？」

小威：「還有人，科學角可以選六個人。」

小嘉：「……桌子。」（該幼生為特殊生。）

小瑜：「有貼小朋友的心情日記。」

老師：「心情日記很大張耶！要怎麼貼在畫面上？」

小君：「那就在小小張的紙上畫啊！」

老師：「嗯！這真是一個好主意！」

討論完主要出現的畫面後，大家開始分工合作，同樣使用蠟筆，但在畫縮小版心情日記（3×5公分的大小）時，孩子卻發現蠟筆太粗了！連心情日記四個字都沒辦法完整的寫上去，於是決定使用細的彩色鉛筆，效果真好；原本我們認為孩子畫縮小版的心情日記時，能畫出大概的形體就已經夠了，怎知孩子連配色、細部的裝飾都很講究，且還有一位孩子將獨角仙的角和腳都畫出來了，更厲害的是還能說出所畫縮小版心情日記的內容，身為老師真感動。

大家完成了道具、縮小版的心情日記、選科學角的小朋友後，將所有的紙偶放在畫面上，就發現「咦？怎麼有點怪怪的咧！」如果所有人的臉都是正面的話，那到底誰在聽小翰上課啊？於是，大家又開始想想該怎麼辦咧！老師說：「那小翰是正面，其他人都是背面，就是在看小翰上課啦！」幼生都表示贊同，但是要怎麼畫背面呢？大家就開始觀察同學的背面和自己的背面，畫背面最重要的一部分就是「絕對沒有眼睛、鼻子和嘴巴」，背面就是「頭髮」、背面的衣服大部分都是「沒有圖案的」，和孩子先討論出觀察重點孩子再開始畫，真的很像一個個的背影。全部畫完背影後，又重新擺放一次，畫面上看起來大家都很認真的在科學角活動，有孩子突然提議說：「老師也會在科學角啊！」所以又加上青蛙老師的角色，老師的出現是正帶著一位小朋友選擇科學角。就這樣完成了這一頁的畫面啦。

在這頁當中還有一個小技巧喔！因為這頁有老師跟小孩一起出現，所以需提醒孩子，大人和小孩的不同；孩子要畫大人時，我們給他大張的紙，畫小孩時，則給他比較小張的紙，孩子就很自然的畫出大人和小孩身高上的差異。注意一些小細節，在畫面中也很容易區分，誰是老師、誰是幼生、誰又是小翰，畫面簡單又清晰。

◎ 第九頁 ｜ 熱鬧的中庭花園

小良，開學時一個只會說：「嗯……啊。」並帶著肢體動作來表達語意的小良，我們對他的感覺則是好氣又好笑，從老師慢慢的陪他練習說話開始，也發生很多趣事；今早吃完早餐後，小良因為桌子沒有收，就去看書，老師大聲喊：「小良擦-桌-子。」小良馬上舉著手，跑到老師的面前，

大聲的說：「我-在-這-裡。」老師給了小良一個愛的抱抱，且跟小良說：「你-好-棒，老-師-叫-你-都-有-回-答！」但過一會兒，小良又因洗抹布而把衣服弄得濕濕的，老師一邊換一邊跟小良說：「不-可-以-弄-濕。」小良則是跟老師說：「要-玩-水。」老師說：「不-要-玩-水。」小良又說一次：「要-玩-水。」唉！他到底知不知道，老師說什麼呢！

我們學校雖然位置偏遠，但是校園小而美，還有一個吸引人的蓮花池，只要天氣好，我們都會帶孩子進行戶外活動。一次戶外活動結束後，老師整隊準備帶小朋友回教室，大家都排好隊了，小良突然跑掉，跑到蓮花池旁的石頭跳上跳下，可能是不想回教室，企鵝老師去牽他，青蛙老師準備帶其他小朋友回教室：

只聽見青蛙老師說：「小朋友，立正！」
小良立刻跟著說：「小朋友，立正！」全班哈哈哈大笑！

小良就笑的更開心，他真是一個「班寶」，青蛙老師將小朋友帶回教室後，企鵝老師也把小良牽回教室，我們便和孩子討論剛才發生的事情：

老師：「為什麼你覺得小良很好笑呢？」
小琮：「他學老師說話啊！」
小毅：「他跳來跳去，都不怕跌倒。」
小君：「等一下他會掉到水池裡面。」
老師：「真的有可能會發生。」

和孩子簡短討論後，便決定將這一個頁面放入故事中，這是代表小良蹦蹦跳跳及學老師說話行為的經典畫面，我們便和孩子一起記錄，剛才出現的角色有青蛙老師、企鵝老師、小良和全班同學，事發地點是蓮花池旁邊、還有樹，決定出現的人物後，就要開始編排畫面：

問題一：大家畫了很多的青蛙老師和企鵝老師到底要選哪一個呢？

小雯：「企鵝老師出去的時候，有帶鑰匙。」（真是觀察敏銳的孩子，全班離開教室時，我們習慣鎖門，所以就選擇了有畫拿鑰匙的企鵝老師。）

小君：「青蛙老師今天穿裙子啊！」（大家投票選擇，有畫穿裙子的青蛙老師的小人偶。）

問題二：小朋友也畫了很多個小良，到底要選哪一個呢？

小威：「讓小良自己選。」（真是說中了老師心中的想法。）

問題三：排隊的人是誰呢？

小儀：「全班都在外面排隊啊！」

老師：「那全班就來畫自己吧！」

接下來，就是「畫自己」的活動，老師先請孩子摸一摸自己的臉型、頭髮，看看自己是屬於圓圓臉、尖尖臉，頭髮是長的、捲的、短的、超短的，有綁頭髮、沒綁頭髮的，然後再看一看自己穿什麼衣服，或者也可以去照一照鏡子，觀察自己的臉和衣服，看完後就可以開始動手畫，忘記自己長什麼樣子或不會畫，就可以再去照鏡子。

看到孩子畫的小人偶，與他們自己一對照之下還真像，大家畫自己的時候，都是畫笑臉、衣服都整整齊齊，但是畫班上特殊生時，就會有「哭」、「扁嘴」、「生氣的表情」，畫老師時，會有「贅肉」、「生氣」，各項特徵都特別明顯；感覺就像「人在看自己的時候，總是看到好的一面，很寬容，看別人時，總是特別嚴格」。沒想到這個小小的道理，卻在孩子的畫作上領悟。

另外，帶領孩子「畫自己」的課程中，可以拿起孩子正在畫的作品，予以讚美並讓孩子繼續完成畫作，這樣做不僅可以增加孩子的自信，也可以激勵其他孩子更認真，希望自己的作品也能被拿起來讚美；而我們發現：「活

動過程中被讚美遠比完成成品後再被讚美，孩子所表現出來的反應比較大。」過程中被讚美有激勵的作用，活動結束後被讚美，孩子只表示認同。

　　故我們猜想對孩子而言，活動過程中發生的事更勝於活動之後的結果，所以若過程是有趣、好玩的、增強自信的，對孩子而言的意義更大，這是老師自己的小體會。

　　問題四：大家都畫了自己的人偶，可能放不下那麼多人，怎麼辦？

　　小柏：「先排排看。」（老師請小柏排排看，真的不夠放耶！）

　　小瑜：「可以放到下一頁啊！」（這真是好主意！）

　　老師：「有一部分的人偶放這一頁，還有一部分就放到下一頁好
　　　　　了！」

　　老師也利用時間，完成背景圖的底色，而中庭的大樹，應該可以使用小朋友所畫的「校樹」，將一棵孩子所畫的「彩虹葉子樹」貼上後，背景圖就更像學校的中庭花園了，然後再請幼生將自己畫的小人偶排上去。

　　而過程中，也發生一個小小爭執：

　　小淳：「我要排在青蛙老師旁邊。」

　　小威：「我也要排在老師旁邊。」（我心想，好像真的是在排隊一樣，
　　　　　喜歡站老師旁邊。）

　　老師：「你們想一想應該怎麼決定？」

　　小威：「那讓老師決定！」

　　老師：「你們兩個誰排我旁邊，我都很喜歡，我沒有辦法決定
　　　　　耶！」
　　　　　「你們想想看，該怎麼辦才好呢？」

　　小淳：「那猜拳啊！」

　　最後兩人還是猜拳決勝負，有時猜拳的方法，還真是公平又好用。將

所有的畫面編排上去後，又是一個師生共同合作的畫作。

◎ 第十頁│ 大家都是好朋友

小君問我：「為什麼小嘉和小憶很多事情都不會做？」「他們怎麼了？」我心想，該如何回答他，總不能回答，因為他們是特殊生有殘障手冊吧！所以想了想，便回答他：「因為他們的腦袋裡有蟲蟲，所以生病了，很多事情都不會做，老師要慢慢的教，可能有一天，他們腦袋裡的蟲蟲就會消失。」也因為這孩子的問題，使我們思考著，其他孩子對這些特殊生的看法是什麼？在一次午餐後，助理員姊姊帶著小憶、小嘉及小良爬樓梯時，利用機會我們準備和其他的孩子討論這話題，雖然小翰也是特殊生的身分，但以他的狀況較不需要他人的幫忙，所以也一起參與討論，由老師先主動提出這個問題：

老師：「你們覺得小嘉、小憶和小良，為什麼需要你們的幫助及
提醒？」

小威：「因為小良說話不清楚。」

小瑜：「小嘉他很小，需要大家照顧他。」

小奕：「小憶沒力氣，事情都做很慢。」

老師：「你們說的都對，為什麼小良說話不清楚？」

「為什麼小嘉跟你們一樣是大班卻很小？小憶為什麼這麼沒力氣？」

小君：「因為他們腦袋有蟲蟲。」（小君一開始就舉手，但老師最後才請他回答。）

老師：「小君也說對了一部分，是因為他們生病了，腦袋裡有會讓人變不聰明的蟲蟲，所以他們才需要大家的幫忙，他們慢慢的練習、慢慢的進步，可能有一天這些蟲蟲會消失，他們就會變得跟大家一樣厲害。」

小淳：「他們好可憐喔！」

小毅：「那蟲蟲會不會爬出來？」

老師：「它們會消失，但不會爬出來，別擔心！」

討論完之後，老師說：「如果他們有做一些事情，讓你覺得不舒服，希望大家可以試著原諒他們或是來跟老師說，老師也會幫助你們！」那一陣子，班上的孩子都持續對他們表示關切，在開學初，擔心這些孩子不被接受的疑慮都消除，剩下的是一個團結又和諧的班級，孩子這麼的有包容心，讓我們的故事最後留下一個完美畫面，而這一個頁面包含：

學校的校樹

孩子畫的「校樹」真的很好用，只要是在校園發生的場景，都可以使用，孩子由實際經驗所畫出來的樹，很有真實感，每一棵都很有自己的特色，我們就選擇兩棵，把它種在這個頁面裡，畫面又更具豐富性。

班上熱心助人的孩子

接續上一頁面,將其他孩子畫的小人偶,放在這一個頁面上,請孩子自己選擇想要放的位置,孩子的想法都是:「這是我的好朋友,我要跟他貼在一起!」但小雯卻說:「我要跟小憶放在一起,這樣我才可以照顧他!」真是一句感人的話,雖然這只是一個故事頁面,但我知道,小雯是真心的想照顧他,如果小憶能夠明白的話一定也會很感動。

四位特別的同學

‧小憶～頭髮短短、額頭上有禿禿一塊的特殊造型、穿著粉紅色睡衣。

‧小良～經常蹦蹦跳跳,像小猴子一樣,還跳在椅子上。

‧小嘉～臉尖尖小小的、哭哭的表情、需要人幫忙。

‧小翰～身穿黃色運動服、站的直挺挺、兩手開開。

這是我們班最特別的四個小朋友,發現他們在哪裡了嗎?孩子說:「雖然他們有時候,會做一些特別的事情,但是其他時間,我們全班都一樣做一樣的事,我們大家都是好朋友。」

◉ 封面　我特別的同學

　　小威說：「哇！樹上有鳥窩耶！」老師說：「噓！小聲一點，牠在睡覺。」我們學校的樹上真的有鳥窩，而且那隻鳥的名字叫「領角鴞」，就是俗稱「貓頭鷹」。我們帶孩子進行中庭花園的巡禮，為孩子做畫校樹的準備時，卻意外的發現了鳥窩，很可惜的是，孩子發現後，一傳十，十傳百，過沒多久，那隻領角鴞就搬家了。在這課程中，老師提供孩子豐富的視覺經驗，感受大自然之美，每天上學時都會經過，但卻從來沒有停下腳步欣賞，活動中孩子認真觀察；並將這樣的景象留在腦中，慢慢建構出樹的大概形體、特徵，再用繪畫的方式呈現出來，會發現很多孩子的創意。

| 觀察 | → | 問答討論 | → | 分析結構 | → | 開始動手畫 | → | 突發問題 | → | 完成畫作 |

　　老師在帶孩子參與戶外活動前，先說明要觀察的重點：「學校哪裡有樹？」「樹長什麼樣子？」「這些樹，哪裡長的不一樣？」讓孩子先思考、預想，等一下會出現的畫面，且中庭花園還可以觀察「花」、「昆蟲」、「蓮花池」……等，也可避免孩子分散注意力，希望孩子的觀察重點放在「樹」，除了讓孩子用眼睛看之外，也可增加觸覺體驗，摸一摸樹皮有何不同？將掉落的葉子撿起來看一看，又有何不同？但要小心不要觸摸有毒的植物。

　　在過程中，孩子所提出的發現，大部分都是：「樹很會掉葉子。」「樹皮可以撕掉。」「站在樹下好涼快。」但也有幾個孩子會說：「那邊有很多螞蟻。」「我還看到蟲耶。」當下也發現，孩子對昆蟲很感興趣，可以當作下一次的課程活動。發現「領角鴞的窩」是最讓大家興奮的事，雖然只看到鳥窩，沒看到領角鴞，現在又是白天，所以牠應該是躺在窩裡睡覺吧！

　　藉由實際觀察、觸摸體驗、了解差異處，孩子會更深刻感受，而在觀

察中有新發現時，老師予以鼓勵及支持，就會慢慢建構起孩子對於樹的概念。我們班孩子很喜歡發表自己的想法及意見，這個活動中，我們也運用了這個方式：

老師：「你們有看到哪些樹呢？」

小淳：「苦楝樹。」（這棵樹在幼稚園教室的正門口，全班都知道那棵樹的名字。）

老師：「不知道樹名，沒有關係，可以告訴老師，樹長什麼樣子？」

小珊：「樹的樹幹摸起來，凸凸的。」

小文：「會有樹葉掉下來。」

小良：「葉……子。」（班上特殊生之一。）

小君：「樹旁邊的地上，還有花。」

小琮：「葉子的形狀，也不一樣。」

小諺：「有很高的樹，也有很矮的。」

小琳：「樹的花，細細小小的。」

小豪：「有的花比較大。」

小毅：「那個樹有一條條的鬍鬚，一拉就斷掉。」（趁老師不注意偷偷拉喔！）

老師：「那個叫氣根，吸收水分，可以讓樹長的更好，不要隨便拉它喔！」

小瑜：「樹的下面，有很多草。」（真是觀察仔細。）

小琮：「樹還有腳耶！」

老師：「樹的腳在哪裡啊？」

小琮：「就是那個啊！」（他手比的是樹根。）

老師：「那個名字叫樹根。」

老師提出問題讓孩子學習表達，把眼睛所見到的用話說出來，這樣做

的目的是讓孩子一邊思考、一邊回想畫面，再類化出屬於他們自己的符號圖像概念，孩子藉由提問、思考、聯想、口語表達的方式，增強自己的觀察力。

和孩子觀察、討論後，就要協助孩子整理出已經建構在腦海中的圖像，要怎麼做呢？我們將孩子之前所討論的部分記錄下來，再將出現樹的部位名稱用筆標示出來，所畫出的是樹幹、樹葉、樹根，又問孩子：「只有這三部分嗎？」「好像還少了什麼？」「樹葉要長在哪裡啊？」小諺：「還有樹枝。」所以，一棵樹包含了四個主要部分「樹幹、樹枝、樹葉、樹根」。整理出樹的主要部分後，便請孩子回想一下，這些部位有何特徵？討論出來後：

「樹幹是有粗、有細、有高、有矮。」
「樹枝是長在高高的地方，而且有很多根，樹枝會生樹枝。」
「樹葉是長在樹枝上，有葉子多、葉子少、大片葉子、小片葉子。」
「樹根是長在最底部，有粗、有細、大大小小不一樣。」

將「樹」的特徵、外形分析出來後，請孩子跟先前的實際體驗做連結，再重新建構一次圖像，我們的活動不是寫生，也不是模仿，而是由觀察、體驗、建構、類化出屬於自己的創作。

準備開始畫圖囉！將圖畫紙、蠟筆發給孩子後，問題來了，「要從哪裡開始畫？」當然是由孩子自己決定啊，在孩子動手之前，老師補充說明一部分：「樹是長在地上，還是飛在空中？」孩子似乎覺得問題太簡單，就隨性的說：「當然是在地上啊！」老師說：「那你們畫的樹，就要長在地上，不會有飛在空中的樹吧！」

會對孩子做這樣的提醒，是因為有些孩子，會在紙張的正中間開始畫圖，這樣可能會發生紙張不夠大的情形，或者他畫的圖就會自然的變小，甚至會畫不下；以畫「樹」而言，從底部開始畫，那麼上方能發揮的空間

▲老師帶孩子去戶外觀察樹的特徵，這是班上一位孩子畫樹的歷程。

相對就很大，創作空間大，那麼就越能發揮自己的獨特性。這也是我們在帶孩子繪圖時，一個小小的技巧。

　　小儀：「老師，我不會！」（開始畫圖後，小儀很擔心……）
　　老師：「畫不像、畫不好，沒關係，只要你願意試試看！」

但是小儀還是不知如何下手，那老師再告訴大家一次怎麼畫。
這次使用蠟筆，就在白板上寫了數字「1」。

　　老師：「我畫好了！」
　　孩子：「這不是樹，是1。」
　　老師：「對喔！太瘦了，不像樹，那畫粗一點，變胖一點。」
　　以眼神示意，看著小儀說：「這就是樹幹啊！」

然後，老師就在粗粗的「1」上面，畫了五根線條，表示樹枝。

　　小威：「樹枝有分岔。」

老師又將五根線條旁又畫了幾根線條。

小君：「上面還有樹葉。」

老師又加上了樹葉。

小瑜急著說：「還有樹根。」

老師又趕快補充幾條樹根，終於畫完啦！

老師：「謝謝你們大家提醒我喔！」

我們以具體的圖像呈現後，小儀笑了一下，就開始動手畫「樹」。

之前是實地觀察、討論分享、分析建構後，就開始讓孩子畫圖，孩子藉由「口語的方式」及「實際經驗」而做直接的繪圖呈現。但是，有些孩子需要的刺激更多，所以便多加一項，在畫紙上用「具體的圖像呈現」，也就是畫給他看。我們不喜歡示範給孩子看，但是孩子似乎很喜歡成人示範，因此過程中，雖然是由老師執筆，但卻是和孩子一起完成，我畫的樹是很粗略的，以成人的標準而言，是不漂亮的；但對孩子而言，這樣卻是漂亮又很簡單，因為樹該有的部位都有了，而且是老師和孩子一同認真完成的！

老師畫「樹」的圖畫呈現：1→胖胖的 1→上面長出樹枝→樹枝上面再長出樹枝→繼續長出樹葉→冒出樹根。原本一棵樹的實體物，簡化成為符號 1，再將符號 1，還原成為一棵樹。也就是「把圖像變成符號，再把符號變成圖像」。

▲老師使用圖像呈現，和幼生一起畫出「樹」，中間的照片是特殊生小憶的作品，最右邊的照片，則是小良的作品。

　　整個畫樹的課程結束後，孩子有了思考及建構的過程，每一位孩子的創作，都有他獨特的一面，小儀是班上一位疑似學習障礙的孩子，他所寫的字就像拼圖一樣，每個部位都散落在各處，我們知道他聽得懂老師說的話，但他卻無法正確的寫出來，在畫「校樹」時，他知道課程主題要畫樹，但他擔心自己無法畫出正確的樹，而提出疑問，老師也因此以具體的圖像再說明一次，小儀這次似乎就懂了，而看到小儀完成的圖畫，雖然仍不是那麼的像一棵樹，也就是放在封面頁正中間的一棵樹，但他在過程中的努力及認真，我們都看到了。

　　特殊生也許不像其他人一樣，學習速度快，或許需要老師更多的心力去關心與照顧，也需要同學更多的包容及體諒；但看到他們對於每一件事都認真學習、努力去做，我們就感到很欣慰。

　　原本故事完成後，正思考著，封面要用什麼方式呈現，在進行了「畫校樹」的課程活動後，我們找到了故事封面的主題。選擇孩子所畫的樹來當背景，且在正中間放了一棵和其他長的不一樣的樹，雖然它長的和其他的樹不同，但這棵與眾不同的樹，也和其他的樹一樣，需要陽光、空氣和水的滋潤才能長成大樹。

　　過程中，孩子眼睛所見到實體物都相同，但畫出來的樹卻各具特色，同時也代表了每一位孩子都是特別的。雖然他們都是樹，同樣需要灌溉，每一棵都是獨一無二的，而這就是「我特別的同學」。

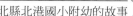

小小作者群

來說我們的故事

◎ 孩子在教室裡說故事

　　繪本完成後，孩子迫不及待的想要聽故事，從繪本的圖畫製作到內容的討論，都是由孩子所完成的，老師只是畫上每一頁的背景圖；過程中全班孩子認真參與，而團隊合作的默契，竟也在小小的幼稚園小朋友身上發現，也讓身為老師的我們很感動，將插圖畫面懸掛在教室時，就像在美術館欣賞畫作一樣，對著每頁的插圖指指點點，口中還唸唸有詞的說：「這個是我畫的。」「哈哈！大便。」「好漂亮喔！」孩子也會跟我說：「老師好厲害，這麼會畫圖。」

　　我們則會回應：「這些全部都是你們畫的，老師只是在白白的紙上，加上一些顏色而已。」而事實上也真是如此。當我們把所有的頁面裝進我們和美術社訂購的大型收納袋裡，而變成以一本書的型態呈現時，孩子真的很興奮，直說故事書做好了。

　　回想起第一次唸故事給孩子聽時，我們將之前孩子所討論的故事內容以打字的方式放入頁面中，有幾頁是因為要敘述的文字過多，怕遮住孩子的畫作，所以有比較簡略的文字出現，但後來跟孩子一起閱讀後，發現不需要貼文字上去，因為我們的畫面很豐富、目標主題明顯，而且是我們班上的真實故事，所以孩子很清楚發生了什麼。最大的一個重點是，我們說完故事孩子自己翻閱時，每一次所敘述的字都不相同。繪本完成時的第一次閱讀，是以我們在活動中，一邊製作圖畫，一邊和孩子討論的故事內容；而後，我們將繪本放於教室中，讓孩子自由翻閱，孩子則在教室裡開始說故事。接下來，聽聽孩子是怎麼說的：

封面
我特別的同學
孩子自己說的故事
這是教室外面的樹，有的樹有葉子，葉子長的不一樣，樹有大的、有小的，有一棵樹沒有葉子，是香菇，是彩虹的香菇。

第一頁
這是我們學校的老師，有校長媽咪、企鵝老師、雲媽咪、青蛙老師和羽虹姐姐。
孩子自己說的故事
這是穿「套裝」的校長媽咪，還有肚子的肉跑出來的企鵝老師，穿白色衣服的雲媽咪，還有漂亮的青蛙老師，手上還拿水管和一直拿照相機的羽虹姐姐。她們都在外面花園裡，會照顧我們。

第二頁
這是我們班的小良，他會咬人和打人，因為他不知道要怎麼說。吃完飯的時候，老師會去搶他的棉被，因為老師要讓他練習說話。
孩子自己說的故事
這是小良畫的椰子樹，頭髮短短的，喜歡跳來跳去，說話不清楚，他在樹下玩，他現在不會咬人了，老師都要讓他練習說話。

第三頁
這是我們班的小嘉，他很小，老師說：「不能幫他，只能教他。」他不會畫圖，我們就用……教他。他說話很小聲，但是聲音很好聽。他是大家的小弟弟。
孩子自己說的故事
小嘉想要爬到彩虹上面，但是他太小了，走不動，就有一個船，要來接他，他就不哭了。

第四頁

這是我們班的小憶,她會忘記去上廁所,都要大家提醒她。很多事情她都學不會,我們就是她的小老師。她吃飯很快就可以餵同學吃飯,還幫忙老師擦桌子。

孩子自己說的故事

有一個白白的鬼,要找小憶玩,小憶穿著粉紅色的衣服,不敢接近她,小憶現在不會尿在褲子上了,老師要給她穿漂亮的裙子。

第五頁

這是我們班的小翰,他很害羞。他現在會對人家笑,可是以前不會。他吃東西很慢,還把菜菜拿出來玩,老師給他計時器,他就可以吃的很快。

孩子自己說的故事

這是小翰,他喜歡穿黃色運動服,不太敢跟老師、小朋友說話,我們還有去誠品書店,小翰會唸故事書,他在花園裡。

第六頁

啊!大便。有一次小嘉大便在地上,企鵝老師還踩到了。

孩子自己說的故事

這是教室的書櫃,小嘉沒有去廁所,就大在教室,好臭喔!企鵝老師踩到大便,小雯從旁邊走過去,書櫃裡面有我們畫的書。

第七頁

好重!雲媽咪給小憶一個重重的湯匙,她的手就不抖了。

孩子自己說的故事

小象班教室裡,大家在吃飯,小憶坐在地上,手上有拿碗,有四張桌子,桌子是黃色的。雲媽咪要給小憶一個「重重的湯匙」,她的手就不會一直抖、一直抖。

第八頁

嗯！我想想看。這是小翰在科學角，上課的樣子。

孩子自己說的故事

小翰要做「水的實驗」，有六個人，在科學角，小翰在想，要怎麼教我們上課。教室裡還有掛我們畫的心情日記，天氣很好，窗戶外面有太陽。

第九頁

老師說：「小朋友立正。」小良也說：「小朋友立正。」

孩子自己說的故事

我們在中庭散步，進教室的時候，小良在外面跑，企鵝老師要去帶他，青蛙老師帶大家排隊進教室，小良在學青蛙老師說話。外面有「糖果樹」和養烏龜的地方。

第十頁

大家都是好朋友。除了這幾件事情以外，其他時間我們都一樣，做一樣的事。

孩子自己說的故事

大家在外面的大樹下玩，我和小憶站在一起，她的頭髮禿禿的；小翰穿著黃色運動服；小嘉在哭哭，因為小良踢到他；小良在椅子上，跳來跳去，還有其他同學在旁邊。

　　這是無數次，孩子自己在主動翻閱時，東一句、西一句，拼湊出來的故事，且每一次的內容都不太一樣，這時我們也發現，孩子不只是語彙能力增加，同時知道這不只是一個繪本故事，而是好多好多的教室故事，每一次孩子在翻閱時，都有不同的新發現。

　　而且不只是在學校說，也會回家跟家長說故事，孩子是片段片段的說，家長就片段片段的聽，就有一些媽媽跑來學校表示，到底是什麼書，

孩子那麼愛看？可不可以借？真的有出版嗎？家長的一堆回應及問題，就讓身為老師的我們，知道連家長都深受感動，也肯定了我們融合教育的教學，看到孩子的作品呈現時，家長也表示認同，孩子也確實在這活動當中，獲益良多。

◎ 老師說故事給別的老師聽

做完這本師生共構的繪本後，正好是融合教育發表的時間，於是我們便將這本師生共構的繪本，放在融合教育發表的簡報中，和台北縣的幼稚園老師分享，沒想到竟然獲得了廣大的迴響，原本發表的重點是融合教育的實驗計畫，但在放完繪本的影片後，現場的老師除了感動我們為特殊生做的每一件事情外，還紛紛向我們請教，要如何帶這樣一個班級的孩子做繪本：

・你們怎麼會想要做這本繪本？

・這本繪本是怎麼做出來的？

・要怎樣引導，才能讓小朋友畫得這麼好？

・小朋友怎麼能夠畫得那麼像？

・特殊生也可以一起做嗎？

・討論的時候，特殊生不會覺得尷尬嗎？

・討論故事的時候，特殊生不會干擾嗎？

・你們怎麼會想到要和孩子一起做？而不是讓孩子自己做？

・老師和孩子的作品放在一起，怎樣才會看起來協調？

・故事的內容是怎麼建構的？

甚至還有老師在我們發表完後，回到學校和其他老師分享我們做的繪本，讓我們在學校裡也接到不少詢問的電話，除了現場的老師給予我們的回饋和提問外，我們的融合教育指導教授盧明老師，也在看完影片後鼓勵我們將整個歷程完整的記錄下來，因此讓我們萌生了要把這個師生共構歷

程交代清楚的念頭！

與其說寫下這個歷程，不如說是把自己和這個班級的教學重新再做一次記錄與整理，當我們在回顧這個過程的時候，才發現有很多細節的部分是需要老師特別注意的，就像有現場老師提問時，我們只是回答：「就和孩子討論，然後把作品剪下來貼上去就好了！」這一句看似簡單的「討論、剪貼」在我們撰寫這本書時，才發現「做繪本不是那麼簡單的」，討論的技巧、引導的方式、指導孩子畫人偶時，使用的紙張、剪貼與排版時發現問題的討論與解決，這些都是繪本成功的關鍵，幸而有這本書讓我們得以重新思考整個教學的過程，要不然以我們當時給其他老師的回答，別人回去做以後，可能真的會覺得我們是在「偷藏步」。

其實，有許多幼稚園都在學校裡進行了繪本教學，只是當我們在帶領孩子進行這樣的活動時，同時也在孩子的心裡悄悄的埋下了創意的種子。「我特別的同學」這本書，代表了我們班的風格、表現了我們班的能力，也肯定了我們兩位老師在教育工作上的價值，也許孩子長大後，會忘了是誰教會他畫圖，是誰在教室裡跑來跑去，是誰大了一坨大便被老師踩到，但不會忘記的是，自己做了一本書，真正的一本「自己畫、自己想、自己貼、自己排、自己說」的書，更重要的是這本書的內容，是真真實實的發生在我們教室裡，是由孩子自己演的，或者應該說這是一個由孩子和老師一起演出的真實故事。

一個班級繪本創作的真實故事，得到了這麼大的回應，對老師本身而言，真的是教學上最大的助力，曾聽有人說，孩子對於幼稚園的印象，長大就忘了，可是，我們不這麼認為，我相信讓孩子「實際參與、深刻感受」，有些東西就是他們一輩子難忘的經驗了。

回家跟家長說故事

在故事完成後，幾乎天天都有家長來詢問，或者進入教室想要看一看

這本曠世鉅作,當我們詢問家長,孩子回去是怎麼說的呢?

「他就說自己畫了故事書!」

「他說他被貼在故事書上面。」

「他說他會賺錢了,因為畫了故事書,可以拿去賣。」

有些孩子會清楚的轉述故事內容,家長還特別進入教室看看這百聞不如一見的繪本到底長的如何,記得那時有位家長看完這本繪本後,感動的抓著老師說:「這真是一件特別的作品,就像它的書名一樣,真的很特別!有特別用心的老師、特別的特殊小孩、更特別的是,它是獨一無二的作品。」

過了幾天,我們在聯絡簿上,看到了這樣的一篇留言:

謝謝老師帶全班做這樣的活動,涵涵回來每天都在說這個故事,以前涵涵畫圖的時候,都會說不知道要畫什麼,現在每天都急著要把今天發生的事情畫下來,有的時候,還一邊畫,一邊說:「今天老師是穿什麼顏色的衣服呀!」或者說:「7-11 的招牌有綠色、紅色,還有什麼顏色呢?」沒想到,一本大家一起做的故事書,可以讓涵涵對畫畫的觀察力有這麼大的改變,真的很謝謝老師!

小嘉算是這整個故事的主角之一了,在故事完成後,最讓老師們意外的一件事,莫過於小嘉也回家跟媽媽說他被畫在圖畫上,媽媽不明白小嘉表達的意思,所以來學校問老師,為什麼小嘉說:「我大便,老師把我貼在牆壁上……」老師向媽媽說明了繪本的狀況,並且把故事書展示給媽媽看,媽媽在畢業感言上這麼寫著:

很快的兩年又過去了,小嘉即將畢業,我很感激企鵝老師和

青蛙老師細心的照顧著小嘉，還有一位辛苦的雲媽咪，雖然我不會表達什麼，相信小嘉跟我這個媽媽一樣，心存感激，但是，還有千萬個不捨，不知從何說起，我沒讀很多書，所以只有感謝再感謝老師辛苦的照顧，我知道小嘉是個很難溝通的學生，但是，小嘉有顆善良的心，學習較慢，我這個媽媽也是很心急，幸好有兩位耐心的老師在教導著，小嘉也進步非常多，謝謝！還有小嘉的一些同學也會呵護小嘉像自己的弟弟在疼愛，謝謝你們，可愛的小天使畢業快樂！

看到班上的家長給我們的回饋，真的讓我們覺得孩子的學習、成長就在這本小小的繪本中表露無遺，而這些故事在孩子的口中轉述著，變成晚餐桌上的熱門話題、變成家長看到孩子學習成長的具體成果、變成不會畫畫的孩子轉變為畫筆不離手的小畫家，也讓家長間接的發現孩子長大了，多了愛、多了包容，更多了細微的觀察力。

故事的最後……

回首之際……

走在教學的這段路上，我們用愉悅的心情來帶每一位孩子，營造出快樂、自信與積極的班級經營氣氛；雖然，也曾遭逢過挫折與灰心，但一路走來，許多好朋友的陪伴，是讓我們能夠勇往直前，努力不懈的重要人物，有的朋友是從家長轉變而來，有的朋友是因為分享而相識；有的則是因為我們遇到困難向他們求助，因而成為好夥伴，像是盧明老師與治療師。

身為老師，能夠獲得家長的支持真的是最令人高興的一件事了，在北港附幼畢業的家長，經常在孩子畢業後，來到幼稚園給我們加油打氣，說著要不是幼稚園老師改變了他們的教育觀念，親子關係可能會很糟，孩子

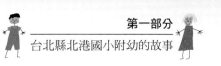

承受的壓力不知道有多大……之類的話，聊著聊著，這些家長們甚至繼續來到教室裡當起「萬年義工」，一邊協助老師，一邊開心的談論著孩子入小學後的進步，看著家長滿足的神情，讓我們不禁想起以前要去學校實習時，指導教授說的話：「教育的目的除了改變學生以外，如果能夠讓家長也跟著改變，那麼，孩子所受惠的就不只是在學校就學的日子而已，而是擁有一輩子都能跟在他身邊的優質家庭教育，這才是別人奪也奪不走的財產呀！」

有些現場的老師，很擔心學者進入教室，但我們卻歡迎之至，因為盧明老師的協助，讓我們發現理論與實務間的差距，要用教學經驗來補足，老師也經常在我們為教學而迷惘時，給我們一盞指引方向的明燈，老師只給問題，很少給答案，卻能讓我們一步步從畫地自限的教學中走出來，再讓我們回頭去印證以前曾讀過的理論，這樣的歷程讓我們再次確認理論和教學是可以結合的。

治療師對於我們的幫助更是不在話下，我們每天面對孩子，觀察孩子，雖然知道孩子的行為與弱點，卻不見得能了解孩子行為產生後的醫學問題「為什麼小憶的手沒力氣卻還要加重力在他手上？」原來是因為小憶用力的部位錯誤，加重力是為了要提醒他該在哪一個位置用力。「為什麼過動吃的利他能是興奮劑的一種？難道他們還不夠興奮嗎？」原來過動的孩子是因為大腦不夠活化，所以吃興奮劑是為了活化大腦的運作……也許我們對醫學真的很陌生，但治療師們總是用最簡單的方式，讓我們了解孩子行為背後的醫學因素，使我們在教學時更了解孩子。

每年總有家長在發現班上有許多特殊生時，對學校提出質疑「這……會不會傳染？」「這樣我的孩子會不會學他們？」「怎麼不叫他們去讀特殊學校？」甚至，有家長還說：「跟過動的同班，會不會有危險呀！」記得有一次，一位媽媽面露愁容的來跟我們說，他的孩子回家後說小良一直追著他打，媽媽相當不捨，老師向媽媽說明小良的狀況，並向媽媽保證一

定會注意小良的行為，媽媽半信半疑的離開了，有一天，這位家長看見自己的孩子拿起鉛筆幫小憶在圖畫紙上，畫上虛線教小憶寫日期，媽媽來跟老師說：「老師我知道了，除了我的小孩可以教他們以外，我的孩子也會從和他們的相處學會一些事情！對吧？」當時，我們真的很感動，這就是教育的目的。

就像在這本繪本製作的過程中，我們也會迷惘，小憶的作品看不出外型，要貼上去嗎？有孩子把小良畫成猴子？要貼人，還是貼猴子呢？討論時，孩子總不免天馬行空，常常岔開話題；有時，學校事務較煩雜，一忙起來，就很想直接告訴孩子答案，省去討論的時間，來做一些例行公事，但我們還是忍下來了，和孩子一起，慢慢的觀察、慢慢的建構、慢慢的畫、慢慢的剪、慢慢的貼、慢慢的討論，因為教育是「百年」大計，所以我們可以慢慢來，噢！這當然是開玩笑，只是在這慢工出細活的當下，孩子成長了，老師也跟著學習，然後「噹！」的一聲全都呈現在這本繪本裡。

許多老師發現自己班上忽然多出了身心障礙的孩子時，總不免驚慌失措或者小小的抱怨一下：「怎麼！工作又增加了！」但我們在面對這樣的困境時，所想到的是：「態度可以改變一切。」大家都認為帶身心障礙孩子真的增加不少工作量，我們也深陷其中，可是，我們不能改變這一個事實的時候，能夠改變的是自己的心態，因為有了他們，我們班才這麼獨一無二，因為有了他們，我們才產生了這個故事，因為有了他們，我們才能發生這麼多有趣的事情。

我們「悶著頭、咬著牙、含著淚」帶領著這一個可愛的班級進行這樣的一個既「特別」又「有味道」（指的是大便的啦！）活動，我們得到的是「響個不停的電話聲」、「問個不停的疑問聲」、「讚不絕口的鼓勵聲」，還有「如雷灌耳的掌聲」，還有什麼比這個更有成就感呢？

得到收穫的，不只是我們，還有前面提到的孩子和家長，以及協助我們的整個團隊，吳念真說過：「閱讀的最大樂趣無非是與自己的生命經驗

相互交換印證。」而我們的孩子是閱讀自己的故事，看著孩子自己讀、家長來學校讀、老師去讀給別人聽；這樣的感覺真好，親、師、生都為了這本書凝聚力量，為這本書而滿足、感動；這份看似微不足道的滿足與感動，不就是讓孩子體驗生命最真實的教材嗎？

我聽，我忘了！我看，我忘了！我做，我記得了！我想再加一句，我經歷過，我體會了。

分享

大張的紙，畫大人，小張的紙，畫小孩

剛開始，我們在畫人物時，會給全班的孩子相同大小的紙張，請孩子繪圖，相同大小的紙，有些會畫出滿版的人物，有些甚至超過紙的範圍，有些則是小到連紙的一半都不到；發現這些情形後，我們便決定告訴孩子，在構圖時要畫跟紙張大小差不多的人物，而後孩子便開始慢慢練習，學習控制畫人物的大小。我們在製作繪本跟孩子討論大人和小孩的差別時，發現不是那麼具體，而後便想到，如果在紙張的大小上做區別，就是在同一個畫面當中，如果有大人和小孩同時出現，可以讓孩子使用「大張的紙，畫大人；小張的紙，畫小孩」，在畫面上很自然的就能區分大人和小孩身高上的差異，讓在欣賞圖畫的人也能夠很清楚的看到，大人和小孩子不同。

活動過程中的讚美

我們在課堂中會發現，當孩子畫到一半時請孩子暫停，我們將半成品讓其他的孩子欣賞並予以讚美，會讓他們更積極的想要完成剩下的另一半，建立孩子的自信；而其他的孩子也會希望自己的作品能被拿起來欣賞而更加認真。且我們在選擇孩子的半成品時，並不是只拿畫的像的作品，而是很有個人特色的創意作品，因為我們希望每個孩子的作品都是獨特的，所以過程中的讚美對我們而言，是遠比完成品的讚美來的重要。

怎麼引導孩子繪畫

- 實地觀察、實際接觸,透過經驗以建構概念:孩子會更深刻感受,而在觀察中有新發現時,予以鼓勵及支持,慢慢建構起對於所要呈現的主題,而將這樣眼睛所見的圖像概念類化為自己的經驗。

- 以問答方式,討論所要表達的「主題」,即是「引導孩子將眼睛看到的說出來」:讓孩子一邊思考,一邊回想畫面,再類化出屬於他自己的符號圖像概念,孩子藉由提問、思考、聯想、口語表達的方式,和同儕及老師互相討論。

- 分析「主題的特徵、外形」,且包含了哪些部分?將特徵、外形分析出來後,請孩子跟先前的實際體驗做連結,再重新建構一次圖像,我們的活動不是寫生也不是模仿,而是由觀察、體驗、建構、類化出屬於自己的創作。

- 從哪裡開始動手畫,為什麼從這裡開始?因為有些孩子會在紙張的正中間開始畫圖,這樣可能會發生紙張不夠大的情形,或者他畫的圖就會自然的變小,甚至會畫不下;以畫「樹」而言,從底部開始畫,那麼上方能發揮的空間相對就很大;創作空間大,就越能發揮自己的獨特性。

- 畫的時候發生了什麼事,如何解決?孩子說:「我不會畫?」所以我們便將「把圖像變符號,再把符號變圖像」,例如:主題是「樹」時的圖畫呈現,會將樹的圖像變為符號「1」,然後:1→胖胖的 1→上面長出樹枝→樹枝上面再長出樹枝→繼續長出樹葉→冒出樹根。原本一棵樹的實體物,簡化成為符號 1,再將符號 1,還原成為一棵樹。

- 畫完「主題」後,我們做了什麼?孩子完成的作品,除了展示欣賞、當作教室布置外,我們還將它變成了繪本的一部分。

教室故事

　　繪本在兒童的世界中扮演了很重要的位置,孩子的好奇與探索都是從

生活周遭的經驗開始的，就像幼稚園階段的孩子對於死亡的概念很抽象，藉由閱讀故事（例如：《碰！精采過一生》）後，則孩子對死亡就有另一種解讀方法；孩子也對小動物感到好奇，很多的繪本就將小動物擬人化（例如：《奧莉薇》），孩子閱讀後，對主角的小豬感到好笑又無奈，也會發現原來那些行為，可能都是自己曾經做過的事；另外，有些繪本以幽默的手法呈現又兼具認知功能（例如：《是誰嗯嗯在我的頭上》），孩子喜歡閱讀這樣的故事且會主動探究相關的知識概念。坊間的繪本有百百種，孩子就是這麼樣的喜歡閱讀，而對於老師及家長而言，繪本是很好的一種課程教材及學習動機，也是親子間增進感情的橋樑。

正因如此，繪本故事對於孩子，就是從生活周遭所發生的事情開始，需要尋求答案或證明，而故事也給了他們最容易理解的答案。在我們班上發生了這麼多的教室故事，孩子也需要答案，需要有人告訴他為什麼？他還要知道該怎麼做！當我們師生共構繪本完成後，這一切都有了答案。我們的創作，不僅僅是把孩子的作品蒐集起來，在這課程當中，我們還發現：

- 孩子對於周遭同學所發生的事，不是感到好奇而是有疑問，他們極富同情心想要幫助他們。
- 孩子在發現班上特殊生的行為後，會模仿老師教導特殊生的方式，以小老師的立場來幫助他們，也獲得成效。
- 班上特殊生突發的特殊行為，在其他孩子的心中留下深刻的印象外，在製作繪本的過程中，其他孩子也顯現出對他們更多的包容及體諒。
- 使用蠟筆畫圖時，是以原舊經驗再加上實際體驗來建構孩子的圖像概念，再將腦中的圖像轉化成圖畫紙上具體的圖像，每一個人所感受到的體驗不同，所畫出來的創作當然各具特色。
- 師生共同創作的繪本，內容編排以故事化呈現，每一頁面代表著一個故事，這些故事的角色，就是在我們的身邊的同學。
- 畫「同學」及「自己」時，兩者之間是不相同的，畫自己，著重於視覺

的外顯特徵上，也就是自己長什麼樣子（例如：高的、矮的、胖的、瘦的、穿什麼衣服）；畫同學時，除了視覺上的外顯特徵外，還包含他人的情緒特徵（例如：小嘉的愛哭）、外顯行為（例如：小良的蹦蹦跳跳），顯示出是有差異性的。

- 課程當中，老師扮演著協助和引導的角色，以真實故事的發生來和孩子探討同儕間的友誼及社會互動。

- 協助孩子將眼睛所看到的圖像轉化成符號，再將符號轉化成在紙上的圖畫，而這樣教學的方式很容易被孩子所接受及學習。

- 「繪本」對於孩子而言，不再只是從書店買來的書，而是自己創作的繪本，故事內容還是孩子所經歷、發生在周圍的事，並在過程中獲得成長。

　　幼稚園階段的孩子對周圍發生的事敏感又好奇，而每天上學的教室故事更和他們有密切的關係，孩子所實際發生的事是最好的教材；一起融入在課程中，孩子感到有趣、新鮮所建構出來的概念會更清楚、更有意義。

第二部分

台北縣插角國小附幼的故事

故事中的故事

給我們一個機會～

　　給我們一個讓您感動的機會

　　給您們一個笑著流淚的真實故事

　　一群孩子們為自己班上同學爭取「讀書」的機會

　　除了幫他人圓夢

　　也希望幫自己圓夢

　　圓夢的故事曲折蜿蜒

　　孩子們的異想世界

　　讓您可以細細品味……

插角圓夢小巨人

　　台灣的北部

　　一個小小的鎮上──三峽

　　小而美的佇立在山上偏遠地方

　　班上有一群弱勢且值得關注的孩子們

　　二位老師

　　三十位小小孩親身的經驗

　　一班純真又有愛心的幼稚園小寶貝們

　　竟然可以創造出一個值得回憶的生命奇蹟

九十五年六月底～
一對長相可愛的小姊弟沒
穿鞋衣服也髒兮兮的
光著小腳丫在氣溫約三十幾
度的高溫下跳著跳著來到學
校
祖孫三人遇到老師
請求老師給他們一個讀書
的機會
可是～我們發現他們沒錢可以繳學費

上學後
倆人依舊沒穿鞋襪髒髒的衣服甚至沒有書包可以背
而班上的老師與孩子們開始著手……
送他們鞋子、襪子穿
但……他們依舊捨不得穿只因……怕壞了沒得買

爾後我們發現祖孫三人……
晚上常常三人共吃一個便當
常問他們晚上餓不餓姊姊卻說一個便當三個人吃剛剛
好
偶爾姊姊會跟老師要吃剩下來的點心
想帶回去給爺爺吃讓爺爺吃得飽

一位老師突發奇想
E-mail 給電視節目想幫孩子籌學費

老師努力學習如何（穿針引線）

為了就是籌姊弟倆讀書的學費而闖關

一群小朋友知道老師遇到困難

拼了命為老師的努力加油再加油

老師帶著孩子們給予的信心與戰鬥力

參加華視「圓夢巨人」節目

老師「穿針引線」任務過關

籌到姊弟倆的二年學費

回顧過程中發現～～～

其實不只是姊弟獲得可以

上學的願望

而我們更擁有～～～

班上許多孩子們彼此互相

的關愛與幫助

家長們熱情的支持與肯定

上級長官或公部門不斷的

鼓勵與實質上的支援

社會大眾湧進的愛心與協

助

在在都裝滿了溫馨與感動

其實這樣的過程我們只是想說～～～

過程中或許孩子們並不清楚是怎麼一回事

但是孩子們卻了解他們在做一件有意義的事

我們希望能喚回大家心中最初的「愛」與「感動」

繪本故事的起源

◎ 我們想報名上學

　　這個故事要從──小苓姊姊、小煒弟弟入園報名開始⋯⋯

　　九十五年六月底，班上來了兩位瘦弱但可愛無比的小朋友，他們看起來衣衫不整，而且還髒兮兮的，但是看著他們的眼神，卻不會顯得退縮或害羞，尤其是姊姊的表現，反而是落落大方與我交談與互動，這是我對於他們的第一印象，至今仍迴盪在我的腦海中揮之不去。

　　第一次見到兩位小主角是在六月底時，兩個孩子打著赤腳、全身髒兮兮、衣服又髒又破，身上多處蚊蟲咬傷的傷疤還沒有痊癒，雖然全身髒兮兮，卻不掩可愛天真模樣。但是小苓與小煒卻在三十六度以上的高溫，跳著跳著走到學校來，可以感覺到當時地板非常的燙；小苓與小煒牽著爺爺的手來學校，過程中爺爺及小苓苦苦哀求，詢問是否可以在下學期進來學校讀書，更希望可以帶著弟弟一起來。

　　詢問過小苓與小煒年齡後，發現一個是大班、一個是中班，並且也得知爺爺希望能出去找工作貼補一點家用，如果身邊帶著兩人，似乎也不怎麼方便外出工作；看著小苓與小煒苦苦哀求與期待的眼神，訴說著他們「想要上學」的心情；心想如果學校收了這對姊弟，應該對祖孫三人往後的生活都會有些改善，爺爺當時也很不好意思的問我就學的問題。

　　爺爺：「歹勢，請問學校有教這樣小的學生嗎？」（台語）

　　老師：「有啊！不過剩下一個名額，請問是誰要讀書的？」

　　小苓：「是我，爺爺說我已經長大可以讀書了。」

　　老師：「你幾歲？」

小苓：「我已經六歲了。」

老師：「真的可以讀書囉！」

爺爺：「請問老師一下，那他的弟弟
　　　　也可以讀書嗎？」（台語）

老師：「弟弟今年幾歲？」

爺爺：「好像少姊姊一歲。」（爺爺
　　　　拿出戶口名簿。）

老師：「可是我們只有一個名額，但
　　　　是這樣好了，姊姊的部分我
　　　　們先保留名額，弟弟的部分如果有名額我們再告訴爺
　　　　爺。」

爺爺：「老師請你多多幫忙，因為我年紀這麼老了，很怕帶不動
　　　　小孩，孩子需要上學這樣才不會像我一樣什麼都不會。」
　　　　（台語）

老師：「爺爺，我會盡量幫您想辦法的，好嗎？」

小苓：「老師，我真的可以來上學了嗎？……是真的嗎？」

老師：「真的，而且你可以來讀大班喔！」

小苓：「那我弟弟呢？」

老師：「……。」

小苓：「很可憐耶，弟弟沒辦法來上學
　　　　了，老師求求你可以讓弟弟上學
　　　　嗎？」

爺爺：「不要吵，老師說會幫忙啦！」
　　　　（台語）

　　　　（小苓轉過身問問弟弟……）

小苓：「弟弟你想不想上學？我們跟老師

說要來上學，好不好？」

老師：「我們再等一陣子，看看是不是有名額，我們也希望弟弟
　　　　來上學，這樣爺爺就可以去上班賺錢囉。」

小苓：「耶！我終於可以讀書囉！好棒喔！老師謝謝你。」（開心
　　　　不已）

爺爺：「多謝老師，多謝老師，真的很感謝老師。」（台語）

　　跟祖孫三人說明上學的須知及接送問題……，將新生入園的事項逐一
說明，讓爺爺可以在八月底時，牽著快快樂樂的孫子來上學。看著小苓踏
上期待上學心情的步伐回家時，卻看到小煒不捨與頻頻回頭渴望上學的神
情，跟著爺爺與姊姊手牽著手回家去。

　　而弟弟就學部分比較棘手，因為弟弟年紀也已四足歲，可以學習過團
體生活，現在又沒有多餘的名額，其實如果可以讓弟弟上學，可以減輕爺
爺帶孫的不便，也可以讓弟弟接受比較好的照顧；我們這方面會再注意，
是否有人要退出或轉出……，或許可以有機會，讓弟弟也能加入插角附幼
快樂家庭的學習行列。

　　開學前，剛好有學生臨時轉出，讓小苓與小煒變成插角附幼這學期入
班的最後兩位寶寶，心裡為小煒擔心無法上學的大石終於可以放下了，皆
大歡喜而真心開心；在這學期又是滿額的狀態下，我們即將迎接一群新生
入園，老師也很期待與一群可愛活潑的孩子們，展開精采的插角附幼學習
生活，而自己也期待著，可以帶給這群弱勢家庭的孩子一點什麼……。

　　開學後小苓及小煒每天笑口常開、期待上學與努力學習的態度，讓老
師與孩子們都愛上他們，更喜歡每天跟著他們玩耍、學習、讀書、吃飯、
睡覺……，這樣的場景在一般幼稚園內非常的普遍，但是看得出來他們很
珍惜；每每上課鐘聲響時，會看到小苓拉著小煒進教室坐下來，期待每一
次的學習與遊戲。從剛開始注意的聆聽，到後來的主動發言，由沒有自信

到主動學習，他們對於「學習」這件事是非常努力的。小煒的主動性較不強，可能年紀小，也或許是他的體質本來就不好又常常生病，常常顯得疲累、睡不飽的樣子，但是我們絕對感受得到他們分外珍惜上學這件事。

越是認識他們就越想要呵護他們，於是當下只有一個念頭，想要這對姊弟在插角附幼裡，得到童年該有的快樂與豐富的學習生活；如果天氣冷了或前一天沒洗澡，趁著有空或吃早餐前，我可以帶他們去警衛室洗澡，或甚至帶他們回家洗澡，吃完晚餐再帶他們回家，更或是就讓他們留在家裡過夜，給他們有睡好床的機會，藉此也讓他們知道，他們還是有人愛的、倍受關注的；我們並不因為家庭不同而有排斥或瞧不起的感覺，重點是要給孩子們平等的生活，在過程中也發現他們不但懂事、也很貼心、更是個有禮貌的孩子。

 # 事情是怎麼發生的？

◎ 捨不得穿的鞋子

我們發現小芩與小煒姊弟倆在上學的日子中，常光著腳丫來上學，老師常常會在他們入班前協助清洗一番，免得給其他孩子們有不好的想法；觀察後詢問之下才發現，他們兩人並沒有一雙可以穿著上學的鞋子，後來送他們鞋子的那一霎那高興的表情，至今仍是我覺得最快樂的一件事。

但是之後他們依舊打著赤腳入園，一問之下，他們的回應是因為很珍惜得到的鞋子所以捨不得穿，怕穿壞了就沒了，也因為沒有襪子可穿，更怕把鞋子穿髒了、穿壞了就沒了；於是再找個機會和小朋友及家長們募得了一些適合小芩與小煒姊弟穿的鞋與襪，每天可以汰換著穿，讓他們不用愁著這雙髒了、沒了，下一雙在哪裡的困擾，反而是他們的舉動，在我內心反思許久，或許現在的小朋友物質上不虞匱乏，但是這麼小的孩子竟然

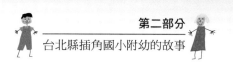

會想到、會懂得珍惜,「珍惜」這兩個字很深奧,我們都會說,而且也說
的自然且大聲,但是實際上卻自覺不如這二位付諸行動的小苓與小煒。

◉ 洗熱水澡真舒服

孩子們開心入園,老師觀察到他們近來好像都穿同一件衣服……。

老師:「小苓你昨天洗澡了沒?」

小苓:「沒有……。」

老師:「老師帶你們去洗澡。」

小苓:「我沒有帶衣服。」

老師:「我有呀,我還有毛巾、沐浴乳、洗髮精呢!」

小苓:「我用洗手的肥皂就可以洗澡啦!可是……老師,水很冷
　　　嗎?」

老師:「不會的,我有熱水澡可以幫你們洗喔!」

小苓:「那弟弟也可以洗嗎?他有衣服換嗎?」

老師:「可以啊!我們一起去。」

小苓:「弟弟不喜歡洗頭、洗澡,因為他比較怕冷。」

老師:「不會啦!你們試試看,水是熱的,真的很舒服喔!」

到了學校警衛室的浴室後,讓他們自己脫去身上的髒衣物,讓兩人泡
個澡,聽著倆人間的對話,心中滿滿的不捨～

小苓:「哇,好舒服喔,弟弟你覺得舒服嗎?」

小煒:「姊姊,是熱的水耶。」

小苓:「對啊,老師說過要給我們洗熱水的啊,真的有耶。」

小煒:「哇!好喜歡洗澡喔!沐浴乳好香、洗髮精好香……。」

小苓:「對啊!如果可以天天洗這個澡,我們就很幸福了。」

老師：「你們要學習自己會洗澡，
　　　讓爺爺不要這麼累，我也可
　　　以常常帶你們來洗澡，但是
　　　要自己學習洗澡喔。」

小苓：「耶！弟弟，我們可以天天
　　　洗熱水的澡喔！」

小煒：「老師我們還可以用這種香
　　　香的肥皂嗎？」

老師：「當然可以啦！」

洗完澡後，兩人穿上乾淨衣服時，又驚叫連連～

小苓：「哇！弟弟你看，好漂亮的裙子。」

小煒：「姊姊，你看我的褲子有卡通圖案。」

小苓：「好好看喔！老師謝謝，我們很喜歡。」

老師：「洗澡對身體好，記得要常常洗澡，如果在家水太冷，就
　　　來學校洗，要保持身體乾淨，這樣才會舒服喔！」

（雖然衣服不是新的，但是在他們的眼裡卻投以羨慕的眼光，孩子！
你們沒穿過乾淨的衣服嗎？那就試試看吧！）

老師：「記得讓自己每天乾乾淨淨來學校，大家喜歡乾淨的小
　　　孩，回去也要會清洗自己，知道嗎？」

小苓與小煒：「知道了。」

他們點著頭滿足的牽著我的手，開心的回到教室，兩人彷彿脫胎換骨
一般，跟之前髒髒兮兮的樣子完全不同，就像是身上多了些光芒，整個人
都亮了起來，備受照顧與呵護的孩子，臉上散發出的光芒是亮眼的、快樂

的、有自信的不是嗎？

　　每天一定要做的身體清潔工作，對這二位姊弟來說卻是很幸福的一件事，我有沒有聽錯？我有沒有看錯？……小芩與小煒你們真的很容易滿足，連洗個熱水澡對他們來說都是一種生活上的奢侈事件；而老師也允諾，在往後的日子裡時間允許下，通常這樣簡單容易的幸福，我們會盡量滿足他們。

　　他們的家庭狀況並不像一般的完整家庭，父母親已經離異，且父親因故入獄服刑中，無法在成長的這個階段陪伴孩子，大人無法給孩子一個完整溫暖的家，爺爺也已年邁，又有慢性疾病需要長期服藥，家中沒有一個穩定的經濟來源，其實真的為他們一家人擔心，孩子的三餐、生活、學習……爺爺的身體真的可以承受嗎？

　　我們實際做家庭訪問後發現，祖孫三人的家，竟然身處在二坪不到的工寮裡，而廢棄的工寮，除了有些異味外，沒有隔間、沒有家具、沒有……，只有一堆看似回收物品與衣物擺放在一起。如果不是親眼目睹，真的沒想到現在竟然還有這樣生活的人。

　　沒有窗戶──只有一個無法鎖上的破門，可以擋住外面的風風雨雨；家裡沒有任何家具──只用便宜的地墊鋪在地上隨地而睡，寫功課時也隨處而趴；沒有燈火──沒有電線的配置，只要天一黑，祖孫三人唯一可做的事就是──睡覺，因為沒有其他活動或遊戲可以在暗夜裡摸黑著做，有時甚至可以看到他們倚在路燈下畫畫、寫字、遊戲……，所以他們通常天一亮，很早就會到學校來等老師，進班操作著教具或玩著玩具。家中沒有水──連上廁所的地方，都還要走過一座橋才能到，常常利用山上溪邊的水來洗澡、洗衣服、洗東西，山上的天氣漸漸變冷，他們一樣是洗冷水澡，若是冬天一到……可想而知，寒風刺骨的天氣加上冰冷無比的水，淋在自己的身上，大人可能都無法適應這樣的生活，更何況是一對瘦小又體弱多病的祖孫，在家中常用的日用品都沒有的情況下，更別想要繳交孫子兩人

的學雜費這件事了。

　　祖孫三人常常有一餐沒一餐的度日，小苓告訴老師，有時鄰居看到他們餓肚子，會主動幫他們買一個便當或者是送給他們家中所剩下的食物，讓祖孫三人可以充飢（三個人吃著一個便當），但是這樣的機會也不太多；有時他們會撐到學校來吃上午的點心，更不用說可以有乾淨的替

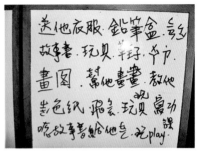

▲瞧瞧孩子們用心說出對姊弟二人的幫助。

換衣物，兩人每天穿著一樣的衣服上學，其實都可以聞到身上一些些的異味；日常用品也是寥寥可數，很多家庭的必需品，對他們來說應該算是奢侈品。

　　每天都有一群熱心的家長們和小朋友，拎著一袋一袋的物品，要送給小苓與小煒，小朋友還會跟他們說明帶來的物品使用方法，有玩具、學用品、衣服、鞋襪、蔬菜、水果、自己的零用錢……甚至小朋友會將心愛的東西送給他們，讓兩人每天雙手滿滿的回家，而我可以看得出來，他們不只是雙手滿滿，想必內心的溫暖感受應該也會滿滿吧！

▲日記畫中的分享～孩子畫中有話：雖然小苓與小煒衣服髒髒的，但是我們都喜歡他們，所以我要畫「心心」送給他們，讓他們知道我們都愛他們。

　　我發現這件事，可以好好的大作文章一番，既是「機會教育」也是「生命教育」的活題材，所以找了個機會與孩子們討論了這一件事情。

　　老師：「小朋友，你們家裡有沒有電、電燈？」

　　大家異口同聲：「有啊！」

　　老師：「請問小朋友，你們家有沒有水可以洗澡、洗碗、洗衣服

　　……？」

大家七嘴八舌的回應著：「有啊！」

耀耀：「當然有啊，要不然就沒辦
　　　　法生活了。」

老師：「為什麼生活上需要水跟電
　　　　呢？」

小肄：「口渴可以喝。」

娟娟：「天黑了可以開燈照路，要
　　　　不然會跌倒或撞到牆壁。」

晴兒：「沒有電的時候，真的很可怕喔！」

雅雅：「晚上會不會有～～～鬼啦！」

▲日記畫的分享～這是孩子畫出天
黑時，會出現～～～恐怖的……
啦！

讓孩子們一一分享完他們沒水、沒電的經驗後～

老師：「昨天老師去一位小朋友的家家庭訪問，發現他們家沒
　　　　水、沒電、沒吃的、睡在地上、沒有被子、沒有桌子……
　　　　連廁所都要走好一段路才能夠到，而且連洗澡的時候，還
　　　　要到橋的對岸，洗山上流下來的山泉水，沒有熱水可以洗
　　　　澡，也沒有廚房可以煮菜……。」

倫倫：「那怎麼寫功課？那洗澡怎麼辦？洗衣服怎麼辦？洗臉刷
　　　　牙怎麼……？」

賢賢：「那怎麼煮飯？晚上要上廁所怎麼辦？……」

安安：「天黑的時候，他們會哭嗎？」

（好多的問題想知道那個人怎麼生活……）

老師：「我也不知道耶，可是我看到他們很快樂、很滿足的過生
　　　　活。」

小苓：「老師，我知道他們家的前面有路燈可以寫功課喔。而且要洗衣服或洗東西可以去溪邊洗，只是水是冰冰、冷冷的，但是沒關係啊！」

雅雅：「家裡裝水龍頭就好啦！」

小鈴：「叫媽媽放熱水就好啦！」

（頓時小苓鴉雀無聲沒有回應……）

老師：「每個小朋友都有一個家，但不是每個家都有一個爸爸、媽媽。」

小肆：「喔！那他們的爸爸和媽媽呢？」

老師：「可能會有一個愛他們的爺爺或奶奶或叔叔或姑姑……重要的是他們愛你們，你們愛他們嗎？」

全班都說：「我們愛我們的爸爸和媽媽、爺爺和奶奶。」

小苓：「老師，還有我阿公喔！」

老師：「我知道，因為大家都是好孩子，老師也喜歡你們這群好孩子。」

▲日記畫的分享～小苓哭哭，我會主動跟她玩，讓小苓開開心心。

於是全班有著高度的興趣，想知道更深入的情節，我們就逐一拋出……當你家裡沒有電燈時？……你該如何寫作業？如果你家裡沒有水？……你會怎麼想辦法洗澡？……好多好多問題拋給孩子……希望孩子能夠有所感受。

雖然孩子沒有真正體驗過，卻也能夠仔細觀察身邊的小朋友，慢慢也知道老師所說的事情是發生在哪位小朋友身上；不過學習過程中，班上孩

子們不但不排斥他們，反而會主動關心他們、送他們衣服、襪子、鞋子、玩具、鉛筆盒、文具用品、食物……等，會主動帶他們一起玩遊戲、教他們畫畫、一起上課；甚至有幾位孩子，天天畫畫送他們，給他們一些鼓勵、給他們加油打氣，這些舉動也讓他們兩人，每天快樂期待來上學，因為兩人覺得，每天可以開心跟著老師和小朋友們學習，班上似乎感染了這樣溫馨的氛圍，天天都可以看到感動的同學愛畫面出現。

　　相對的他們很喜歡上學，也愛跟班上孩子們玩成一片，大家在一片和樂融融的氣氛下學習，讓這個小小的環境，擁有著大大的溫馨，也讓這群小小孩更懂得友愛的好品格，常常聽到孩子們彼此鼓勵的話語，及不分你我的歡笑聲。

◎ 剩下的可以帶回家嗎？

　　另外在上學期間，剛開始他們知道有豐盛的早餐、營養的午餐與可口的下午點心可以吃的時候，兩人總是會珍惜將碗中的食物，把它們細細品嚐吃光光，而我們也會告訴孩子們要吃得飽飽的，不可以浪費食物，大家都用說的回應，但是他們的反應，卻是用行動告訴我不浪費食物的最好回應，看著他倆享受品嚐食物時的表情，更可以感受得到所有食物放在嘴裡時的美味；有時小芩就會對著剩下的餐點望著不發一語，當然我也了解他心裡在想什麼，此時～

　　小芩：「老師，這個點心不要了嗎？」
　　老師：「嗯！要回收，因為小朋友吃不下了。」

小苓：「可以……給我嗎？」

老師：「你想帶回去嗎？」

小苓：「我……想帶回去給爺爺吃，也可以當晚餐吃。」

老師：「好呀！我幫你準備好。」（拿著袋子準備將剩下的餐點裝起來。）

小苓：「這樣我的爺爺就可以吃飽了，晚上也不會餓肚子了。」

　　一邊幫忙打包點心，一邊內心在流淚，深深覺得孩子的滿足，竟然是為了讓爺爺晚餐時能吃飽，真是感動呢！

　　此後老師常常在三餐後，幫他準備小袋子，如果有剩下的飯菜，都會為他留下來帶回家，給祖孫三人在晚餐時可以食用，至少能夠溫飽這一餐，也希望他們能夠培養食物不浪費的觀念～珍惜。

老師：「你帶回去的食物有給爺爺吃嗎？」

小苓：「有呀！爺爺說謝謝。」

老師：「嗯！要懂得珍惜大家給你的東西。」

小苓：「我知道，謝謝老師。」

　　可見得他們的生活一定過得非常的拮据，而另外班上這群天真的小小孩們，雖然年紀小，自己也並沒有生活方面的困擾，但是卻能用同理心來對待小苓與小煒，也會跟著老師為了班上需要幫助的小朋友，而有所付出與對待，我想這是現在教育很少見的「友愛」行為；在我的班上就真實上演著一幕幕孩子間彼此對「愛」的詮釋與表現，是那麼的自然而不做作、是那麼可貴的「好品格」，品格教育是習慣，而不是書本中的片面學習，必須身體力行才行。

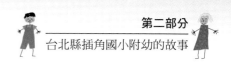

◎ 沒錢繳學費怎麼辦

日子過的很快，已經一個多月了，他們兩人仍舊沒有繳這學期的學雜費，迫不得已詢問爺爺，竟然發現爺爺身上根本沒有多餘的錢繳學雜費；而每天撿回收、有時去打零工賺來的錢根本不夠養孫子，更不用說繳交約三萬五千塊的學雜費了。

回頭想想，我們都體會得到他們倆每天很認真努力、開心快樂的學習，實在不忍心讓他們為了錢……放棄上學的念頭。

某天在美勞角跟幾位孩子們聊天～

老師：「班上有小朋友因為家裡發生了一些狀況，連讀書的錢都
　　　繳不起，可能沒辦法來上學了。」

達達：「是誰呀？那怎麼辦？」

老師：「如果真的沒有錢繳，就沒有辦法來上學，我們班就了少
　　　小朋友跟大家一起玩、一起上課、一起……，你們有沒有
　　　好辦法，可以幫我想一想嗎？」

（此時跟孩子討論，如何可以幫助他們度過這個難關。）

安安：「我爸爸很有錢，我可以跟我爸爸要錢，給他們繳學費。」

謙謙：「我有存紅包，全部可以給他們繳學費。」

小肆：「我有零用錢，可以拿出來給你嗎？」

小宇：「老師我有豬公的錢，我去問媽媽可以送他們嗎？」

晴兒：「我們都不會賺錢，怎麼幫助他們？」

老師：「你們真是好心，學費的錢是很多很多的，不是我們拿零
　　　用錢或者是拿豬公的錢就夠的，而且爸爸、媽媽的錢是要
　　　照顧你們……。」

111

妍妍：「老師你可以寫信給大家的爸爸、媽媽，不一定有人的爸
　　　爸、媽媽可以一起幫你想辦法。」

老師：「這好像是個好辦法喔！」（於是老師真的把這件事寫在
　　　聯絡本上，一起請家長來幫幫忙，幫幫這二位小姊弟。）

　　孩子們雖然用他們的童言童語想到方法，想幫老師及小朋友解決問
題，即便是自己想不出好方式，讓孩子們著手思考，孩子竟然也能夠提供
出不少好點子，……也許真的可以獲得想像不到的收穫，不試怎麼知道
呢？

　　當了解此狀況後，思索著如何可以幫助他們度過這樣的難關時，和班
上孩子們及家長們說明可以如何幫他們，大家開始積極的蒐集二手或已不
穿用的乾淨衣物、學用品、鞋子、家長們自己栽種的蔬果……等送給祖孫
三人；讓他們跟其他小朋友一樣，有書包背、有學用品可以在平常需要的
時候使用、有乾淨的衣服可以替換著穿、有鞋子與襪子可穿、也有好吃的
食物可以填飽肚子，我們想這樣或許可以減輕他們一家的生活負擔，並可
減少生活上所需要的開銷。

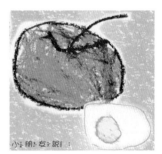

▲我們會送小苓與小煒
好吃的食物及日用品。

我們做了什麼事？

◎ 寫信給電視台

後來跟校長報告這學期班上孩子們及家庭狀況，更將這件事情跟校長討論，尋求是否有任何方式或機會可以幫助他們，校長回應：「學校有仁愛基金設置，可以先行申請補助，校方也允諾可以協助兩人這學期的學費。」但是心想爾後呢？孩子還能有這麼好的運氣嗎？而我們卻覺得或許可以對祖孫三人有更多的關注與協助。

會議中，校長提出有一個節目可以協助弱勢家庭，校長問我要不要聯絡看看，或許可以得到一些些的回應或幫助；心想這個節目對於我們的要求會允許嗎？得知節目的型態，對象好像沒有協助這麼小的年齡層，而給予的獎勵好像也沒有可以拿現金的，大部分都是實物；但是如果不試⋯⋯就根本沒有機會了，試了或許⋯⋯（心裡是這麼想的）。

雖然很想直接跟節目單位聯絡，但是又礙於怕被拒絕的窘境，在這兩難的情形下，突發奇想的先用 E-mail 的方式，寄了一封文情並茂、感人肺腑的文章（自認啦！）給電視台，試試看他們是否有所回應，並且告訴他們，我們需要被幫忙的地方；就這樣期待著節目單位，給予我們正面的回應（此節目的內容是協助國中、小學貧困的孩子圓一個心中的夢，而且是孩子幫父母圓他們的夢）。

在電腦前駐足許久，想把自己的想法和想為他們做什麼事⋯⋯，拉里拉雜的寫了一堆，寫了又刪除，重頭來過一直重複的寫著⋯⋯，想了幾天還擬不定稿，花了幾天的時間才完成，完成後內心萬分欣喜，希望孩子的就學好運就此能夠開啟，我們期待的日子就此展開。

爾後我們每天期待著好消息出現，而時間卻一天天的消失，似乎即將

忘記有這件事情，……一週後我們終於獲得節目部正式回應，製作單位跟我聯繫上，彼此說明原意並且預定將我們的個案，排定為近期來訪的行程，也就是說我們得到了一個正面期待的回應～這真是個天大的好消息；欣喜若狂的我，馬上跟班上的孩子們分享這天大好消息，我們終於有機會和方法，可以幫他們倆籌學費（即便不知道後續的過程為何……），大家聽到後全班驚聲歡呼——老師萬歲、小朋友萬歲！

雖然在開心之餘，不了解是否真的可以籌到我們想要的目標，但是大家都覺得這應該是個賺取學費最好、也是最快的辦法之一，也覺得這應該會是個容易成功的機會，我們要好好把握這次難能可貴的機會。

怎知……事後發生的事情卻……老師們跟小朋友們即將展開另一項艱鉅的考驗……而這個考驗，也即將是帶給師生一個完全陌生又驚險的難忘經驗。

◎ 老師要加油

節目部考量家中只有年邁的爺爺，爺爺年紀大、孩子年紀又小，如果要考驗爺爺實在於心不忍，出題給小苓與小煒又覺得不妥，捨不得任何任務要求祖孫完成，才能獲得大家想要的「期待」；該節目部企劃組經過不斷的會議確認，也不斷與我們聯繫後的想法，把接收任務的對象，腦筋動到了我的身上，希望在目前最關心孩子與照顧孩子、最了解孩子的情形下，決定由我來為孩子闖關；經過討論與商量，既然大家考量的方向，最後都希望能給予孩子實質上的鼓勵，又不希望讓祖孫三人

▲老師坐在電腦桌上好久好久，一直看著電腦打了好久，也打了好多天。完成後老師好開心的告訴我們，有機會完成小苓與小煒想上學的願望。

失望，而我應該是可以協助他們，完成該項任務的最佳候選人吧！

貼心節目部考量我的工作是幼教老師，應該樣樣事情都難不倒我，也希望派一項簡單任務讓我能闖關成功，也覺得這樣一個任務，對我來說應該是可以得心應手且簡單輕易就可以通過，怎知……事情卻不是想像中的；主辦單位給我的任務就是……想也想不到的「穿針引線」活動，希望給我一個輕易任務，皆大歡喜，沒想到看似不難的事情，卻有著說也說不出的……困難。

我的任務——在規定的時間內，把粗細不等的線，穿進數十支不同大小針孔的針，可他們卻不了解我雖是幼稚園老師，十八般武藝樣樣通，剛剛好就是這項做家事是我的死穴。接受到這項考題後，腦筋馬上一片空白，空白中突然畫面出現他們二位可愛的微笑臉龐，您說，我能袖手旁觀或隨便應付了事，這樣不負責的態度嗎？

我們教育孩子勇往直前，有夢去追，認真努力完成夢想，話雖說的好聽，也必須要身體力行才可以，這應該是對教育態度的一種付出與執著，要求孩子做到以前，這也是老師身體力行的好機會。

在穿針練習的過程中，自己常常無法迅速穿過針孔，如果一不小心穿過時（運氣好，矇到的……），小朋友竟然都比我還興奮；小朋友們常常不斷給我加油與打氣，甚至一起陪著我練習，就怕我在闖關時失敗，看得出孩子們跟我同甘共苦共體時艱，真的非常難熬；而家長們也不輕鬆，他們會在入園接送孩子時，不時的要求驗收我的練習成果，或者打聽老師過關的機率；家長們詢問時，雖然心情輕鬆愉快，但是結果……卻都讓大家沮喪著離開（雖然家長們不說但是表情卻騙不了我），可是學校老師們、家長們、孩子們對我還是深具信心，讓我深信要不斷練習就對了，不可以懷有放棄的念頭，而且努力一定有收穫的。

而我也因為常常在練習時，頻頻失敗略顯疲憊，偷偷趁著空檔時間練習，可效果總是不彰；每每沮喪時，都會有點想……棄權，但是回想孩子

們的期待與鼓勵聲，加上他們兩人想要上學的眼神，都給予我很多精神上
的支持與動力；有些小朋友甚至看到我沮喪的神情時，回家找來自己的奶
奶、媽媽，到學校教我一些不錯的小技巧，看看是否可以讓我快速的把線
在時間內穿過，孩子及搭檔老師也不時在我最灰心時，想盡各種辦法，讓
我獲得快樂及成就感。

　　這讓低迷心情的我，馬上注入一股莫大的振奮力與戰鬥力，心想孩子
們是我最大的後盾與精神鼓勵，不可以輕言放棄，上課中我也曾不斷的鼓
勵孩子，嘗試他們不會的、不敢的、不想做的事，我更必須用「以身作則」
的態度去面對大家及任務，臨陣退縮不是處事的態度，所以～～～我一定
要成功的啦！

　　孩子及搭檔老師對我的這份關心，讓我時時點滴在心頭，誰叫我平常
沒有拿針線縫補衣服的經驗，這或許……平常看我生活太過安逸，給我練
習一些生活上需要學會的事情，讓我對人生又開始產生鬥志，雖然這次任
務對我來說，是一件最不可能的任務，不過這群孩子常常冒出一些讓我會
心一笑又感動在心的話～

安安：「老師，你也會有不懂的事喔！你要加油啦！」（被抓包
　　　啦！）
老師：「沒錯，老師承認，我當然也會有不懂的事情，可是如果
　　　有你們給我鼓勵、給我加油，我想我應該會成功的。」
筱芸：「那我們給你拍拍手，唱歌給你聽，好不好？」
老師：「謝謝你們，只要你們在旁邊給我鼓勵，我就很開心了。」
小勝：「老師，加油。」

而連續一週不斷練習後，考驗的日子終於到來，上節目當天……

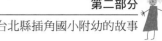
小賢：「老師我們會一起去幫你加油嗎？」

老師：「會呀！你們一定要幫我，請給我力量，我一定成功。」

小真：「你放心，我們都會幫你加油！」

晴兒：「我知道老師會緊張，我們會陪你，不要害怕喔！」

小達：「老師不要緊張，要過關就不要緊張喔！」

老師：「我會的，只要努力，一定會成功。」

▲全體師生、家長一起出發。

▲到達目的地，大家邁步向前走。

或許當天我的反應或表情，讓孩子發現與平常不同，也讓孩子因為我的關係，不由自主開始緊張了起來；老師、家長們、孩子們坐在車上時，特別的安靜、特別的……無法形容的詞句可以表達出當時氣氛的詭譎。

▲闖關前，大家一起為老師加油！

▲大家屏氣凝神，專注看著老師進行闖關活動。

▲老師的神情緊張到不行喔！

▲闖關成功後，大家開心的在電視台大門前留念。

◎ 終於可以上學了

　　小朋友此時更是興奮莫名、只是老師的心，卻是忐忑不安、家長期待的眼神裡，也帶著點不安，不知這個老師待會兒結局是如何……。雖然每天的生活依舊要教書，想著如何讓孩子在快樂的園地裡盡情的學習就好，但是現在的我，生活中卻多出了～穿針、穿針、穿針線，就這樣過了一個焦慮、難熬的一週。

　　闖關的日子終於來臨，帶著全班孩子及家長們，千里迢迢從山上滿懷著期待又緊張的心情，坐著遊覽車到電視台錄影，因為太緊張，不知是我和司機的溝通不良，還是詞不達意，原本要去的電視台，司機大哥卻帶我們去另一家，當下讓我們緊張萬分，時間已經非常緊迫，在確認目的地與司機溝通後，請司機繞道讓我們抵達目的地，過程真是恐怖的讓人直冒汗。

　　大家在外面等待的心情其實很複雜，卻要裝作鎮定，此時家長們不斷給我鼓勵，而孩子們依舊快樂的自在嬉戲，而我自己卻……想著如何臨陣脫逃，但是攝影棚的大門剛好開啟，迎接我們的工作人員，解釋等一下錄影狀況後，二位老師、三十位小朋友、數位家長們，排著整齊的隊伍走進入攝影棚內，完全沒有讓我喘息與思考的機會。

　　在後台準備時小苓緊緊抓住了我的手，我們默默不語了許久，似乎他

也感染到我的緊張心情，而我更可以感受到他給予我的勇氣；這樣的等待，讓我們一起從幕後走到台前，開始了到現在回想起來，全身還會不由顫抖、害怕的闖關活動，這也是一段我永遠記得，這一生中最驚險又緊張的時刻（心想幾次聯考都沒有比這次緊張）。

錄影過程中，其實內心一直浮現出他們兩人期待上學的可愛臉龐，當下的闖關中，因為我的笨手笨腳及緊張的心情所致，都差一點點無法順利完成，甚至一度驚險萬分的差點無法過關，手汗及汗水不時交雜著全身，但……在最後一秒果真奇蹟出現、誠意感動天哪！──成功了，一陣歡聲雷動，大家高興得就像自己抽到特大獎、中到樂透彩一樣雀躍不已。

▲有一群婆婆、媽媽的陪伴，真好！

▲孩子把過程不斷的記錄下來。

舞台上彩帶翩翩飄落、火花聲聲響起，老師和小朋友們彼此間開心的擁抱在一起互道恭喜，這樣的場景，似乎像是自己得到特大獎一般，可以見得這群孩子，對於團體榮譽及緊張心情，不亞於我這位早已開始眼眶泛淚的老師，感動之情，讓我到現在還是記憶猶新；每每回憶至此，總會起一身的雞皮疙瘩，捫心自問是怎麼辦到的，是哪一股力量促使著我達成任務，到現在的我還是無法相信～過關啦！

很開心這將是為他們開啟了學習之路的管道，我們也一致肯定，相信不管有再大困難，只要有心願意嘗試與努力付出，一定會成功的，至少我和孩子們都是這麼認為，小苓與小煒終於可以安心上學了。

　　至此事件發展越來越高潮，而每次面對的事件對孩子們來說，就更加印象深刻，而每次的過程中，孩子們都會利用畫畫的方式記錄下來，分享出他們自己的感受，雖然孩子會的語彙不多、表達的能力有限，但是我們卻能夠在孩子徜徉的畫中，接收到孩子內心世界的想法。

　　接下來一連串的感人畫面，也即將出現——孩子們甚至希望能把這整件事情深刻的畫出來，讓所有關心我們的人知道，在小小的插角附幼裡，正有個溫馨、充滿愛的故事正慢慢蔓延並醞釀出來。

　　孩子們把這件錄影過程視為園內的大事，因為孩子們在節目播出後、新聞中、報紙裡發現了自己、發現了同學、發現了老師，發現自己的幼稚園，出現四方框框的電視機上、報紙中；孩子們相互討論與分享電視上新聞內容、報紙上文字敘述等……，而他們的爸媽說、隔壁鄰居也說，甚至菜市場的姑姑、婆婆、阿姨、嬸嬸……大家都在談論這件事情。

　　而我班上的孩子呢……雖然他們太小，無法完整說出他們內心真正的感受，但是大家卻很認真把這件事的過程，每天畫在入園的日記畫中；最後大家集結起來，就像是一本豐富又精采的繪本一樣，我們還一起討論，希望把這件有意義的事情畫（話）出來，做成一本繪本，可以提供大家欣賞，讓大家知道這件事，背後有著一群「有愛」的小孩，內心純真與善良的一面。

　　我們還在過程中討論想要出書的事情，其實除了讓孩子們了解在過程中我們學到了什麼？大家感受是什麼？……除此之外，還想要喚醒更多人要對身邊的人付出愛及關懷；於是認真思考著繪本的內容與畫面，希望能夠出版繪本，將得來的錢，可以全部幫助他們上學的願望。

　　雖然整個過程對家事一竅不通的老師來說的確困難重重，不過最後的結果是完美的，好像也就把先前的辛苦一掃而空；而接下來的日子裡，更是讓我從教育的工作中，獲得許多從孩子身上散發出那份「友愛」與對事情「執著」的堅定而感動。

　　別以為事件就此圓滿成功與落幕，緊接著才是精采的學習生活，每天都有很多感動畫面出現；像是一個小朋友每天畫一幅圖畫，給他們加油打氣，有些孩子每天主動會邀請他們玩、學習、吃飯、睡覺，一起……。

▲老師闖關過關後，大家開心的抱在一起。

　　似乎家庭背景的好壞、優劣對這群孩子來說，並不會有特別的意義，孩子們只在乎「他們」是班上的一份子、他們快樂嗎？孩子們對彼此沒有特別的另眼相看，只有不斷湧入友情與同學愛，我也深深為這群孩子的表現感到無比驕傲，好想大聲說～孩子你們真棒，你們是上天派來的美麗小天使。

　　回歸正常教學後，班上孩子們將這些事件的過程與感受，利用早上畫日記畫分享時間以繪圖方式呈現，雖是許多單張的畫面，而孩子們一個個分享時，竟在我腦中浮現當時的情景與瞬間，過程歷歷在目更顯清晰；團討中拿著孩子們的日記畫，將大家的圖畫隨性做連結，變成事件過程的故事，大聲分享給大家。

　　討論的過程有很有趣、很精采、很爆笑、很感人、很……發人省思，有人提議：

晴兒：「老師可以教我們做故事書嗎？我們想把這個故事畫給大家
　　　看。」

倫倫：「大家做的都不好看，老師可以教我們，而且可以拿去賣
　　　喔！」

老師：「那你們想做什麼形式（樣子）的書？」

雅雅：「像真的故事書那樣……」

小卉：「老師，出書以後我們就可以賺很多錢。」

老師：「但是有錢以後呢？」

威威：「對呀！那我們會有很多錢要做什麼？」

雅雅：「可以買很多玩具給小苓跟小煒。」

耀耀：「我覺得捐給他們家裡，讓他們可以有電燈、有水的房
　　　子、買吃的、買衣服、鞋子……可以住的很舒服。」

小朋友：「可是已經很多人捐東西、捐錢給他們。」

小苓：「嗯！對呀！我們已經夠了。」

（此時小苓也猛點著頭示意足夠了。）

小妍：「捐給老師看眼睛好了，因為老師的眼睛要穿針練習，現
　　　在又紅又腫，很可憐耶。」

（因為一週為了穿針這件事，讓老師吃不好、睡不好，就怕結果也不
好，所以就練練練，練出了一對紅通通又痛痛痛，活像隻兔子的紅眼
睛。）

小卉：「真的，老師好可憐，眼睛都紅紅的。」

老師：「你們真好，但是老師已經看過醫生，所以謝謝你們，再
　　　想想看還可以做什麼用呢？」

小朋友：「喔⋯⋯。」

阿肄：（此時有一個小小微弱的聲音傳了出來⋯⋯）「老師，可
　　　不可以讓我們蓋遊戲屋？」

老師：「⋯⋯。」

小妍：「對呀！教室很小耶。」

小謙：「讓教室可以變大一點。」

小晴：「還可以蓋玩遊戲的教室。」

老師：「你們是說蓋一間⋯⋯遊戲屋嗎？」

小宇：「對呀！天氣一直下雨，我們都沒辦法出去玩，教室又這
　　　麼小。」

阿肄：「那我們賺到的錢，可以來蓋一間可以玩的遊戲屋，好不
　　　好？」

　　因插角的環境，在冬天與春天的季節容易下雨，山中又常碰到大雷
雨，我們除了一間小小約不到二十坪大小的活動室外，就沒有其他可以讓
三十位孩子發洩精力的其他空間，此時⋯⋯

全班馬上異口同聲說：「好耶！這個是最棒的點子。」

老師：「這好像是個不錯的方式，那我們可以嘗試看看，一起努
　　　力吧！」

　　全班像是舉國歡騰般的慶祝著～「大家的另一個夢想——遊戲屋」的
到來。

　　說也奇怪，一個孩子上學的夢圓成功了，另一個夢，好像也逐漸在
孩子們身上發酵中，班上小朋友可真是所謂的——圓夢小小巨人，戰鬥
力百分百的他們，讓我也很難抗拒孩子們興奮的回應，更難打碎孩子們
純真又期待的夢想，而繪本的影子也悄悄在討論過程中，慢慢發酵與產

生。

　　從孩子上過節目後回來的分享畫，其實看得出來大家的畫中有話，孩子們把一連串的事件，勾起內心最深的想法，畫著畫著，自然而然走進孩子另一個夢想世界，不要以為孩子只是說說而已，孩子們在過程中，不斷修正自己、不斷彼此鼓勵與扶持，完成了孩子生命中最巨大的經驗。

▲大家興致勃勃的贊成「遊戲屋」的成立。

◎ 之後發生了……

▲孩子們一起畫出過程。

▲每天的日記畫時間都在畫。

▲孩子每天畫此事件不同的過程。

▲有人畫——坐遊覽車開始。

▲有人畫——老師準備穿針
闖關的情形。

▲有人畫——贏得獎金開心
的回家。

▲甚至有人畫～
這是孩子畫出當時大家的心情，
連孩子都了解大家當時的情緒真
的很……亂啊！

畫出我們的故事

　　聽故事是班上孩子的最愛，閱讀也是班上主要學習活動之一，對於接下來孩子們似乎轉而想要做繪本的意念，在此事件中油然而生；我們也曾經將畢業後的大哥哥及大姊姊製作的繪本，逐一分享給孩子們聽，孩子也對於這樣的經驗，有很深切的感受，所以自然而然就衍生想為此做一本繪本的想法。

▲聽故事是孩子最愛的事情，老師曾經將以前師生共構的繪本，一一介紹與分享給小朋友們。

◎ 繪本第一部──故事用「話」的

　　似乎孩子的邏輯思考與系統無法統一性，大家總是想要依照自己的想法去做，我拿著對開紙跟孩子們說明，並告訴他們不要急著下筆，我們可以一一的先將畫面說出來，於是我們做了以下這樣的討論與統整，討論了近一個半小時的時間，先讓大家都知道繪本的畫面。

　　阿肆：「老師，應該怎麼畫？」

　　老師：「你們覺得呢？」

　　小雅：「畫他們來上學，然後沒有錢。」

　　小宇：「畫老師去闖關。」

　　雅雅：「畫電視來拍我們。」

小瑜：「要畫我們跟老師一起去參加電視台錄影。」

謙謙：「我們幫他們的事情畫下來。」

老師：「這麼多想法，你們覺得第一頁，可以畫什麼？」

小妍：「我覺得要畫出姊弟從報名開始。」

老師：「那你們知道嗎？」

晴兒：「我們知道一點點，老師可以說給我們聽嗎？」

老師：「記得已經快要放暑假，那天天氣很熱，有一對姊弟沒有
穿鞋子，就來學校要報名讀幼稚園⋯⋯。」

小宇：「老師第一張可以畫有很大很大的太陽，因為很熱很熱，
這樣可以嗎？」

老師：「可以耶！哇！小宇你好厲
害。」

晴兒：「接下來呢？他們要來報名
了，他們怎麼說⋯⋯？」

老師：「我記得那時爺爺很難過，也
很傷心，希望我們可以給他們
讀書的機會⋯⋯。」

孩子們七嘴八舌，開始天馬行空的說著說
著，還是沒一個頭續～

雅雅：「老師，你可以幫我們再說一次。」

老師：「好，我們試試看，你們如果有更好的想法，可以隨時修
改，注意聽喔！第一張——好熱的六月天，爺爺帶著小苓
和小煒到幼稚園報名⋯⋯。」

將孩子的話，用最簡淺易懂的語彙，不斷把他們說出的意思統整後再

說出，讓他們覺得最
適當的詞句填在白板
上，我們馬上把孩子
說的話，全部記錄下
來，再不斷的統整與
複述他們想要表達的
意思，直到我們把故
事內容討論結束，每
次進行討論的時間都
非常冗長，但總體加

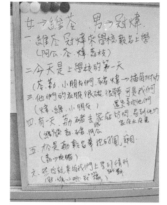

▲先將繪本的內容逐一討論出來，並且將孩子的想法寫在白板上可以反覆的修正。

起來，約莫三天的時間，就完成了我們繪本的「話」。

我們不斷的聆聽孩子天馬行空的表達內容，有些孩子表達能力有限，大家會將有限的語彙共同修飾，最後老師再做統整，詢問孩子是這樣的意思嗎？直到故事內容修飾到大家滿意為止，而每一頁的內容，就是這樣一步一步產生的。

努力思考著如何將故事內容完整呈現，孩子們無不絞盡腦汁，將他們所會的語彙全部拿出來用，集思廣益把繪本內容搞定。終於將我們的故事書內容完成，即便已經超過吃飯時間，大家也不以為意，津津樂道一直一直說，現在可以拿去賣錢了嗎？

完成後，有人說自己好聰明、有人說大家真努力、還有人說好感動喔，甚至還有人說想不到自己會寫故事……，大家以為故事寫好了嗎？其實……孩子你們想的太簡單了，我們只有將文字的部分呈現出來而已，大家卻忽略了繪圖的部分才是大工程呢！

之我後們為了慎重其事，花了很多時間與心思構思故事內容、排版、練習述說著自己製作的繪本，最後大家在取名字時熱烈迴響，並且將這本繪本書取名為～小小插角‧大大愛，期待大家看到這本師生共構生命教育

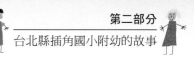

繪本時，相信可以跟我一樣，感受到這群純真又富愛心的孩子，用他們最拿手的才藝～畫畫～將內心的感動說給大家聽、畫給大家分享。

接下來，請讓我真心分享我們是如何和孩子共構～小小插角・大大愛。

▲我們將孩子的話，記錄下來。

▲每一頁都是孩子討論的內容。

▲孩子將過程真實的記錄下來。

▲我們將孩子的作品製作成簡報，大家開心的覺得好像是看電影一般好興奮喔！

孩子們個個聽起來既高興又興奮，發現自己畫的圖畫內容，變成了故事情節的一環，不斷請老師再說一次，爾後發現孩子們開始利用廢紙，製作這事件的故事書，還會到處跟大家分享，於是這樣的過程不斷上演，顯然孩子其實對於生活周遭敏感度是非常的細膩。

小妍：「老師，我們想要做成故事書，而且真的是可以看的那

種，就像是真的故事書一
樣。」

老師：「你說的是圖書區裡放的故
事書形式嗎？」

雅雅：「就是可以跟別的故事書一樣
的方式，和圖書館的故事書
一樣。」

▲師生一起欣賞著歷年孩子們的自製
繪本。

老師：「你們等我一下。」（老師將歷年孩子做的繪本逐一呈現與
介紹。）

小晴：「哇！這些都是哥哥姊姊做的嗎？好厲害喔！」

老師：「沒錯！畢業的哥哥姊姊是不是很厲害呢？」

阿翔：「我們可以跟他們一樣，一起做成一本故事書嗎？」

老師：「可以啊！」

安安：「那故事內容怎麼做？我們都不會。」

有小本、有超級大本、有遊戲書、猜謎書、有黏土製作翻拍的繪本
……琳瑯滿目，大家開始討論著要做什麼型態的繪本，於是在你一言、我
一語中，慢慢有人開始回應……。

小倫：「老師我們可以畫大張的嗎？」

小晴：「好呀！這樣可以看得更清楚。」

老師：「你們真的想嘗試嗎？」

此時馬上有小朋友持反對意見。

小謙謙：「不行啦，紙這麼大，我們會畫不完。」

霖霖：「那可以舉手表決？」

小瑜：「要尊重大家的意思。」

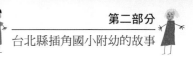
　　大家經過投票的方式，最後票選的結果，多數決定了要使用對開尺寸的紙張作畫。

晴兒：「老師，我們可以做成紙娃娃的方式，二個主角可以從髒
　　　　髒的衣服，畫到乾淨的衣服，可以換穿衣服的方式喔！」

雅雅：「對啊，這樣好像很好看的樣子，也好像玩紙娃娃，聽起
　　　　來很有趣的樣子，我們可以試試看喔！」

老師：「如果大家同意的話，拍拍手表示贊成囉！」

　　大家高興的舉手鼓掌表示一致通過，也都覺得這是個很有創意的想法。

▲紙娃娃的形式，呈現出創意的一面。

◎ 繪本第二部──把故事用「畫」的

　　隔天拿著預備好的白紙，將孩子說的文字內容，逐一對應在畫紙上，跟著對白說，一頁一頁說著孩子們創作的故事內容，配著柔和的背景音樂，看到有些孩子們邊聽邊拭淚，誰說孩子們沒有感情，反而是將孩子們內心的話，誠實說出來，說完後有人問：

晴兒：「老師，紙張上面都是白白的。」

耀耀：「對啊！這樣怎麼賣錢。」

霖霖：「老師，可以開始畫了嗎？」

倫倫：「老師，我們都不會畫耶！」

老師：「你們覺得什麼才是會畫。」

小妍：「老師曾經說過畫畫是『有創意』的事情。」

老師：「對！沒錯，而且這是一本只有我們創作的一本繪本，還沒畫就沒信心，大家還有心要拿去賣錢，我想應該沒有人會買沒有自信的人的畫吧！」

小朋友：「對呀！我們還要蓋遊戲屋。」

老師：「我相信大家可以辦得到的。」（此時信心喊話很重要的喔！）

翔翔：「爸爸說試試看就知道了。」

宗耀：「那快一點畫呀！快等不及了啦！」

鈴鈴：「不要吵啦！大家等老師說怎麼畫。」

一般會覺得幼稚園老師常常會像趕鴨子一樣，做什麼事情都說快一點、快一點，這時卻是孩子們催著老師動作要快一點。

讓孩子們說的故事內容和畫紙做連結後，開始逐步讓孩子思考，如何

▲不斷重複頁面與故事情節的連結，並且讓孩子想像空白的圖畫中，可以加入什麼東西？　▲大家不斷重複的畫著自己滿意的作品。

將自己的想法，付諸於紙上與畫筆。

> 老師：「既然大家已經把故事內容說出來了，現在要開始著手進
> 　　　行繪圖部分。」
>
> 娟娟：「怎麼畫……？」
>
> 小偉：「大家一起先畫一樣的，再來選擇誰畫的比較好，放在故
> 　　　事書裡面。」
>
> 老師：「也可以，還有什麼方式嗎？」
>
> 晴兒：「老師可以畫自己最會畫的東西，畫出來也可以。」
>
> 老師：「那我們到底要畫什麼東西？」

孩子左思右想的，絞盡腦汁、搖頭晃腦……

> 小宇：「我知道了，先把全部要畫的東西，全部說出來，然後慢
> 　　　慢的一起畫完，這樣大家才不會太累。」
>
> 老師：「這聽起來好像是個不錯的方式，我們來試試看。」

師生開始針對每一頁的畫面，相互討論與修正，需要畫出的場景與物
品。從第一頁的太陽直到最後一頁，孩子們認真對待這件事的態度，一直
持續到繪本成品出現。

◉ 繪本第三部——完美的結局

雖然「話與畫」已經完成，但後續的問題，似乎可以求助專業人士，
給予我們意見與回應，於是找了兩位學校對於繪畫及文學都非常具專業的
老師，在討論後才發現好像把出書看得太簡單，原來需要思考的問題竟然
還有這麼多。

決定隔天把這樣的訊息帶給孩子，看看孩子的意見。第二天～

老師：「昨天老師找了兩位專家，幫我們看看這本繪本，是不是
　　　　可以出書了。」

小苓：「他們怎麼說？」

小凱：「這樣就可以了嗎？」

老師：「別急，我來跟大家說明一下……。」

　　老師把跟專業老師對話的內容說給孩子聽後，心想孩子們應該會顯得
失望，但是事情好像不是如我預期般，孩子反而很在意其他老師給予我們
的意見，在一來一往討論中，更激發孩子對事件的敏銳度與感受力，並且
也發現，孩子能有更多的語彙，照這樣發展下去的確很有可看性。

晴兒：「那我們要趕快改喔！」

霖霖：「我們就討論要修改哪裡呢？」

老師：「你們覺得你們喜歡或欣賞小苓
　　　　與小煒哪裡？」

偉偉：「他們每天笑瞇瞇，喜歡上學
　　　　校。」

翔翔：「他們很有禮貌。」

雅雅：「他們常常說好聽的話。」

小雅：「他們上課很認真。」

小朋友嘩啦啦的像瀑布般，說個不停……。

老師：「他們需要幫忙時，我們用了什麼方式幫助過他們？」

小晴：「我們陪他們玩。」

小雅：「我們有送他們東西。」

霖霖：「送圖畫給他們。」

小苓：「送他們很多東西。」

　　小娟：「我們陪他一起畫畫。」

　　小朋友像鴨子般，嘰嘰喳喳說個不停……。

　　很快的十分鐘後，我們就把所有的內容再做一次修正與統整。

　　我們討論著最後定案的故事書內容後，就像是之前一樣的討論故事內容，需要放置的場景及圖畫內容，讓畫面更為豐富，故事內容就像專家說的一樣，可以更精彩、更具說服力、可看性及加強連貫性，讓沒有身在其中的大小朋友們閱讀完後，也可以閱讀到我們在這次事件後的感動，我們想利用清楚又明確的故事情節與內容，淺顯易懂的方式呈現。

圖畫畫面及內容

1. 好熱的六月天，爺爺帶著小苓與小煒到幼稚園報名上學，小苓與小煒穿的衣服髒髒的、也沒有穿鞋。	2. 我們九月開始上課，小苓與小煒的衣服還是髒髒的、破破的。

3. 但是，我們很喜歡小苓與小煒，因為……
   他們長得很可愛。

4. 因為……他們會遵守遊戲規則。因為……
   他們很認真聽老師上課。

5. 因為……他們常常說好聽的話，有禮
   貌。因為……他們有一顆善良的心、會
   照顧別人。

6. 有一天，老師去做家庭訪問，發現他們
   家沒有水、沒有電，而且上廁所要過一
   座橋才會到，大家決定一起想辦法要幫
   助他們。

7. 有小朋友說：要送小苓小煒衣服、鞋子、襪子……。還有人說：要給小苓小煒好吃的食物。

8. 有的小朋友還說：要送小苓小煒玩具、鉛筆盒……。更有人說：要教小苓小煒畫畫。所有的小朋友都說：要多多照顧小苓小煒，要讓他們快樂。

9. 可是開學過了很久，小苓與小煒的學費還沒有繳。這次，大家又一起幫他們想辦法。

10. 老師跟我們分享報名「圓夢巨人」這個節目要幫小苓小煒籌學費的事。不久，電視台來學校拍攝小苓與小煒和我們一起上課的情形。

11. 結果老師「穿針引線」的任務過關了，大家都好興奮，小苓與小煒有錢可以讀書了，我們高興的抱在一起。

12. 後來，電視上播出小苓與小煒的故事後老師常常不停的接電話，因為很多好心人要幫助他們，而我們很有耐心的看書等待著老師。

13. 很多事情我們雖然不懂，但是我們都知道，我們在做一件有意義的事情。

14. 因為大家都有一顆有「愛」的心。

小小作者群

畫‧說‧我們
師生共創的故事

我的故事我會說

◎ 教室裡　孩子說

　　因為有這樣讓孩子們做繪本的機會，大家對於「說故事」這件事，都顯得興趣高昂，每天都有不同的小朋友搶著分享，大家都聽得意猶未盡；孩子在學校說、在教室說、在廁所說、吃飯也說，天天說不膩、天天聽不厭，每天的例行公事，就是搶著說故事的小朋友，拿著大大的麥克風，站在教室的舞台上，搭配優美、輕柔的背景音樂，一字一句說著大家耳熟能詳，一起共同製作的故事情節，如今孩子可以不用看著繪本，一字不漏說出故事內容，彷彿像是背唐詩般的流暢與精采。

　　之後我們利用中午午睡前，花一小段時間做分享，我們還運用錄音及錄影的方式，讓孩子們一一練習，並也可以作為他們成長的紀錄，為此大

家也都樂此不疲,愛上這樣的活動。

　　不僅僅是彼此說故事的分享,我們還將孩子說故事的聲音錄了下來,轉變成CD,再放給孩子聆聽,有些孩子會害羞、也些孩子會期待、有些孩子會哈哈大笑、有些孩子開始注意咬字、有些孩子依舊身陷在故事情境中,情緒激動的說不出話來,每一次重複著孩子的CD,讓孩子們更

▲每一張、每一次的分享,孩子們聚精會神的表情,讓繪本在製作過程的辛苦,完全排除一空。

了解自己,也讓孩子們自己發現,自己與他人在分享故事內容的不同表現,同儕間的鼓勵,擦出許多努力與良性競爭的火花,有些孩子一直找老師要求再錄一次,有些孩子雖然始終沒有機會或害羞以致無法親自上陣,但是在故事進行中卻也能跟著CD複述內容。

故事變成大電影

　　另外我們也花了一點時間,將坊間繪本製作成大電影的方式,與其說是給孩子聽故事,其實是另外一項功課,讓小朋友自己發現自己的圖畫精緻與細心度、工整度與用心度,是否可以跟坊間買到的繪本一樣;期間果然有小朋友發現了這個問題,而我們也將此問題逐一解決,問大家願不願意重新嘗試,孩子們的毅力跟決心,肯定的答案的確讓我又震撼了一次,為了自己的夢想而追求,這群小小孩真是了不起。

　　【孩子發現→需要使用描邊筆(色彩較深的顏色描邊),用較淡的顏色塗色,效果比較好,也比較能突顯畫面中的人、事、物】

　　一樣都是學習,但是可以看出每個孩子的學習態度與方式截然不同,我們在旁也查覺得到,每個孩子雖然學習的方式不同、成效不同,但大家很享受其中過程,這是我們在團體中享受的時光。

第一次的首映會

　　既然孩子們對這本繪本這麼的喜歡，而家長也不時詢問，我們乾脆來辦個「繪本首映會」，跟孩子們分享這樣的想法，約好日期、地點，打好通知單，我們相約邀請大家在家庭 Happy 日時，分享這個驚喜給孩子們的親朋好友。

　　大家期待著這天到來，每個家庭準備一道佳餚，愉快的心情，大手牽小手來到指定的教室，老師將繪本製作成簡報形式，配上合適的背景音樂，老師跟著孩子們一起說著這本滿意的作品，這也是除了跟自己班上的小朋友分享繪本外，與他人第一次的正式見面會。

　　可想而知，當時不少家長也留下動容眼淚，甚至家長很期待我們的作品上市，更給孩子們打了一劑強心針，讓孩子拾起自信心，家長們也給予我們出書的意見，讓師生感謝在心裡。

　　經過這次的成功首映會後，六年級的哥哥姊姊請老師跟我們協商，是否可以跟他們做一次親密對話，說說繪本內容、說說這次孩子們對於事件發生至此的心聲與過程，而這次我們又為了這件事情共同繪製了一本大繪本，想請我們為他們說這則故事。

▲在校內首度舉辦「繪本」首映會活動讓全校的師生共同聆聽。

▲師生聚精會神的聆聽幼稚園師生共構的繪本。

可愛的孩子們又開始興奮不已，知道自己製作的繪本，得到的迴響是如此的巨大，孩子們是期待、興奮、是……太多的感受，大家還為大哥哥、大姊姊們準備舒適座位及點心，就像是看電影一般情境與舒適環境，讓他們可以輕鬆自在欣賞我們共構的繪本；過程中我們也看到他們認真聽講的態度，及偶爾出現拭淚的畫面，彷彿就像他們也跟我們一樣，有身歷其中一樣的深刻感受。

　　結束後，大哥哥、大姊姊們爭相提出問題請我們回應，讓這群大小朋友彼此間融入在一起，大朋友想要知道小朋友製作故事的過程、老師怎麼去帶領孩子進入畫的情境中，在愉快的分享過程中，也讓孩子們有個大小心靈相通的機會，更讓這群哥哥姊姊們為這群小小作家佩服不已，這群孩子們的反應也是……超級愉快。

▲六年級的大哥哥與大姊姊們聚精會神的看著小朋友的繪本及與老師討論繪本內容的經歷與製作過程。

▲大哥哥與大姊姊在聽完我們的分享後，寫出篇篇感人的心得～值得發人省思！

◉ 老師跟其他老師的分享

因為這件事情被廣為宣傳，許多人知道了，透過國立台北教育大學盧明老師的引薦，希望請我去分享，分享我們與孩子們在這個故事中，發生的事與繪本製作過程，雖然當時小朋友無法與我一起去分享，不過我帶著孩子的祝福與期待、小朋友給予的叮嚀與交付，為其他未來的幼教老師演說一次我們一起共構這一次的過程。

我在出發分享前，孩子們給予的回饋～

老師：「老師要帶著你們的故事書，跟其他的大哥哥、大姊姊們分享，你們有沒有什麼事要跟我說？或者要老師注意的地方？……」

安安：「老師要早點睡，明天不要遲到。」

宗宗：「老師不要喝酒開車喔！」

鎮宇：「對呀！會車禍耶！」（有這麼恐怖嗎？）

翔翔：「老師你要跟他們說，這是我們大家做的故事書喔！」

倫倫：「對呀！跟大哥哥大姊姊說我們做的很認真、做的很辛苦。」

雅雅：「開車如果很累，記得要買咖啡喝喔！」

老師：「為什麼？」

雅雅：「我爸爸說，工作累了來一杯咖啡，就不會睡著啦！」

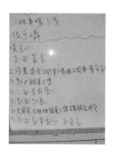  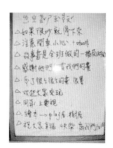

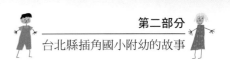

晴兒：「老師要穿漂亮一點，而且要穿圍兜，因為這樣大家才知
　　　道你是插角附幼的老師。」

耀耀：「跟他們說，有空要記得來插角附幼玩，我們會當好主
　　　人，招待大家。」

謙謙：「老師你知道路怎麼去嗎？」

小煒：「去問警察。」

老師：「應該不用吧！」

小勝：「老師你要說認真一點，不可以隨便說。」

小雅：「如果有人睡覺的話，你要停止不說話，等到大家安靜，
　　　你再開始。」

淳淳：「老師你要跟他們說要記得給我們加油。」

小佳：「順便跟他們說我們準備要演戲，記得來欣賞喔！」

　　孩子提醒、交代我的事情，就像是媽媽交代孩子出門時一樣擔心，說
了一大堆，其實就是希望我能夠清楚交代這一陣子的學習生活狀況，孩子
雖然有點不放心，但想了一個好辦法（自製愛心卡，請大學生們寫上回饋
的分享畫），讓孩子能夠知道老師的呈現；這群大學生畫的回饋卡，帶給
孩子很多的感受，即便老師或者是未來的老師與小朋友們無法見面接受鼓
勵，但是這份小巧思，應該可以傳遞對小朋友的祝福與感動。

　　當天出門前，去了一趟學校，讓孩子看看自己的打扮合不合格，所需
要帶的物品是否齊全，而孩子們一下幫忙拿給我幼稚園的圍兜、一下拿給
我蠟筆、一下又交代……，深怕我忘了這個忘了那的，而出發之前……

一個小小的身軀卡在門邊，小聲的對著我的背後叫著～

娟娟：「老師、老師……。」

我回過頭來看到她站在已經快要關上的門邊，硬是把門推開一部分，

149

頓時我們只有四眼對望著～

老師：「有什麼事情嗎？」

娟娟：「老師你要去哪裡？」

老師：「你記得嗎？老師今天要去跟大學生說你們的故事。」

娟娟：「嗯！我記得，我可以跟你說……加油嗎？」

老師：「啊！什麼？聽不清楚……？」

這時我往娟娟的方向走，緊緊的抱住他，仔細聽清楚娟娟說的話……

娟娟：「我是說……你要加油！」

老師：「我會把你們的故事說給他們聽。」

娟娟：「我們會一直給你加油，拜拜。」

聽完這番話，眼睛不由自主的泛著淚水，快步往車子的方向前進。孩子，可知老師多麼高興能和你們在一起，你們的窩心，讓我真的很感激。

◎ 家長、老師、學生的分享

家長們的分享～

有些家長給予我們的回應，讓我們感動在心裡，也迴盪許久許久，有些家長是這麼分享的～

耀耀媽咪：「這樣的體驗，能帶給孩子未來在品格的建立上有很大的幫助，感謝老師！」

謙謙媽咪：「謙謙拿花回家說，這是好心人準備要送給好心人的花，老師說我們是好心人，所以全班每人一朵花。」

雅雅媽咪：「老師，你們太用心了，讓孩子感受到，連為人父母

的我們也可以感受到，真的很感動！」

鈞鈞爸爸：「還有我們需要幫忙的地方嗎？老師您們真的辛苦
了，除了教學以外，還要幫助孩子生活上瑣碎的事
情，小朋友會更珍惜現在的生活，而我的小孩也感染
其中，會不斷珍惜現在擁有的。」

雅雅媽咪：「現在的孩子真幸福，這本故事書會讓孩子知道他們
有多幸福，畫得真好。」

小宇媽咪：「班上的同學還有誰需要幫忙的嗎？可以告訴我們，
我們可以協助他們喔！」

晴晴爸比：「老師花很多時間在孩子身上，自己的健康也需要注
意，讓孩子快樂也要讓自己有休息的時間，我們知道
孩子在過程中，一定會有所收穫與成長。」

淳淳媽咪：「小孩常常在家裡說小苓與小煒的狀況，他們還會在
家畫出卡片或準備一些玩具給他們，他們也開始懂得
珍惜物品了。」

鈴鈴媽咪：「你們真的很厲害，會做故事書喔，鈴鈴回家說的，他
有時還會準備東西要給小苓與小煒，你們真的很會教
喔！」

老師們及未來老師的分享

在分享過程中，老師群或大學生仔細聆聽著分享的內容，大家無不戰
戰兢兢、專注的聆聽，最後也請他們幫我寫預備好的回饋愛心單，給鼓勵
孩子的話語，可以讓我拿回去和小朋友們分享，也算是給孩子們些許的回
饋與交付。

會後學生們及老師群與我互動時，他們對此本繪本感興趣的方面是：

- 老師傾聽孩子的包容範圍有多大？

- 老師必須具備哪些能力，才能讓孩子信服於你？

- 老師如何去統整孩子來自天馬行空的想像力？

- 老師如何去觀察每位孩子平常學習時間的特殊行為？

- 孩子對話的語言內容，老師如何取捨其重要性？

- 老師傾聽的能力與藝術為何？

- 指導孩子畫畫的能力，老師該如何培養？何時培養？運用什麼方式培養？課程安排為何？

- 幼稚園的工作繁瑣，老師如何去縝密所有教學的思緒，並且回應在孩子身上？

- 老師運用什麼觀察的方式與記錄的方法？

- 師生在進行討論時，如有不專心或者沒興趣的孩子，老師運用什麼方式去引導？

- 對於畫圖較弱的孩子或沒有自信的孩子，老師運用什麼樣的方式去鼓勵孩子畫畫？

- 如何引發孩子對事件專注的延長活動？

- 班上有弱勢的孩子，老師的態度為何？老師可以用什麼方式帶領或協助孩子在此階段的身心靈的成長？

- 在繪製繪本的過程中，發生過哪些趣事？或者是感動的事情？或者是突發的狀況？

- 繪本製作完成後，家長們的回應是什麼？

　　而我深信，經驗的累積會是給幼稚園老師一帖教會這群懵懵懂懂孩子最好的良藥，我在每次出發前都會跟孩子說明不在學校的理由，讓孩子能夠放心，甚至會跟孩子分享我要幫他們去分享的內容，並且請他們幫我留意該注意些什麼事情。

▲這是在國立台北教育大學幼家系的教室內，荔枝老師跟大家分享我們一起製作的共構繪本。

▲荔枝老師分享完，大姊姊們給我們一份珍貴的小禮物，瞧瞧大家認真剪裁的模樣！

 # 故事的延續

◎ 繪本變夢想

很快的，畢業的日子即將來臨，孩子們紛紛詢問為什麼繪本還沒出？
畢業前夕⋯⋯

小妍：「老師，我們要畢業了，遊戲屋怎麼還沒有蓋呢？」

晴兒：「喔！因為我們的故事書，沒有賣給別人，還沒賺到
　　　　錢。」

老師不知該如何回應孩子的期待⋯⋯

雅雅：「沒關係，雖然我們要畢業了，但是如果故事書要賣的時

候，要告訴我們，我會請爸爸、媽媽來買。」

淳淳：「對呀！我們幫老師一起賺錢。」

老師：「真的很抱歉，因為還沒有真正找到要出版的公司
……。」

鎮宇：「沒關係啦！大家不要難過，以後一定會有機會，對不
對？」

老師：「你們相信老師，即使有一天，你們畢業後，老師也會盡
力去完成你們的夢想。」

小佳：「很可惜，對不對？……」

時間緊迫加上畢業在即，有很多事還沒完成，孩子的夢還沒有實現，今年的確是我在工作上一個很大的瓶頸，孩子們說，不是說要一起完成？不是說好要一同賺錢？不是說好要一起蓋遊戲屋？不是說好要……？可是時間無法倒轉也無法加長，在追著時間跑的當下，孩子們依依不捨的離園，我也只能說聲抱歉，對孩子的允諾沒有實現。

其實孩子能夠體諒老師的窘境，雖然仍讓他們抱著遺憾離開校園，但是心中自我期許，一定要快快將這件事情處理完整，重拾大家的信心與成就；聽著不捨的畢業驪歌，孩子請記得在幼稚園裡，還有一件重要的事情待完成，你們的階段任務完成了，接下來就由老師想辦法為你們做些什麼囉！

◎ 我們學會……

回過頭來想，自己省思這群孩子的毅力與努力，讓這本繪本在彼此期待中誕生，大概約一年的時間，讓我們深深陶醉在這本繪本裡；原先只是希望給孩子一個「機會的生命教育」，如果生命教育是需要用教科書或者是教案照本宣科很容易，但是很多教學上的點子，是看到孩子們無限潛能

延伸而出，這機會真的不容錯失，自己也沒有想太多的，照著孩子的思考方向去做，反而給我的回饋與感動許多許多……。

在孩子身上也學到許多，現在讓我深深感受到教育無他，給孩子帶著走的能力不也是這種無形，但是會影響一輩子的想法，和同儕彼此間互動的影響力，我也相信人生有夢，築夢踏實，這些現在正印證在我與孩子身上，難能可貴而真實的畫面。

畢業生即將畢業，不只孩子跟老師有所遺憾，連知道與了解我們的人也盡力的幫我們想辦法，有錢出錢、有力出力，就連朋友的書局也願意協助我們，將製作好的繪本，可以放入店內擺設以便販賣，但我們印製的經費、是否能找到出版社陷入兩難的局面……，酷熱的夏天，將這件事情慢慢淡化，慢慢的……不知所措。

新的一學期，雖有新的氣象與新的主題內容，但鎖在內心未完成的夢與遺憾，卻深深擺放在心，我們依舊還是呈現具有戰鬥力的體能與腦力，並不打算就這樣把事情擺放在一邊，或許對自己的教學生涯沒有多大的影響，但是心想對孩子來說，孩子的期待與成長，卻是可以從這一本師生共構繪本當中，發現與別人不同的回憶，對於往後成長的人生路上，會是一件他們永遠美好回憶與生活經驗。

◎ 我們期待……

新的學期初，認識新的家長、認識新的孩子、認識環境……慢慢跟家長們深入互動與了解，發現家長群中，有的人是印刷公司老闆，經過長期詢問與聯繫，這位專業印刷公司的爸爸和媽媽，答應我們要協助彙編繪本的工作，原以為將原稿交到爸爸的手中，就可以出現美美的繪本出現，怎知～技術性的問題不斷浮現在枱面，要我們一一解決。

這位專業級的爸媽跟我們討論，發現這本繪本太大，需要利用翻拍或掃描的方式處理，並且分析方式的難易處與優缺點，這時也讓我學習到除

了教學以外的知識，每樣事情都有其專業度，而它們就需要專業的人士來處理，印刷的工作是一門專業的技術，讓我這門外漢終於了解——圓滿的結局，不是這麼容易成功的。

於是我們兩位老師在印刷製作過程中做了：尋求專業印刷廠家長協助→討論師生共構繪本內容→頁數確認（因為自製繪本沒有考量印刷時有頁數上的限制）→老師自行討論刪減頁數，並再次確認繪本內容完整性→再和專業印刷廠家長聯繫，修正頁數及內容→請求攝影較為專業及攝影設備較好的朋友協助拍攝工作（將近花了一天的時間，而且還需要在有陽光的天氣，於戶外空間不使用閃光燈進行拍攝）→拍攝後的稿件因畫面不清晰，故無法採納（老師灰心中）→親自由印刷廠協助掃描與排版→老師再次校稿→確認後開始印刷→成品出爐。

過程中我們還遇到了天候不佳無法拍攝、老師與家長排不定討論的時間、拍攝過程一直延後，拍好的照片因為像素差也無法使用、好多好多問題⋯⋯，逐一解決與進行後，最後我們看到成品的那一剎那，孩子們及家長們欣喜萬分，也更讓老師為之感動不已，我們的成品終於完成了！

▲我們每次畫好後，都會拿給老師看。

▲老師剪剪貼貼，忙著將我們的繪本完成。

 故事的最後

◎ 回顧與省思

　　感謝所有插角附幼的小朋友與家長們，給予老師鼓勵與支持，讓我們在小小的插角附幼裡，孕育出許多可愛、溫馨、感恩、熱情的小寶貝們，希望這本「小小插角・大大愛」能獲得多數人的迴響與分享；最後僅以此本師生共構繪本，讓更多的人認識插角附幼，讓插角附幼能永續經營，培育出更多懂得「愛與分享」的孩子。

　　班上其實也有一些弱勢家庭的孩子，因為大家幫助的對象，都是小芩與小煒兩人，老師能察覺出班上有些孩子，投以羨慕與不解的眼光，因為物資送來後，我們必須要協助整理，並且送給小芩與小煒，有時孩子們會好奇的問東問西；我開始了解，一下子湧入許多精神關注與物質關懷，都是針對小芩與小煒，是不是忽略了其他孩子的感受，也是否會對小芩與小煒或其他孩子，產生不好的影響，舉例說：

- 姊弟收到的物資豐沛，會不會珍惜或浪費他人的愛心？
- 姊弟對於善心人士的關愛，會不會開始予取予求？
- 挑食的不良習慣產生。
- 其他小朋友會不會覺得，老師只疼他們，而忘了班上其他的小朋友需要關注……。
- 其他小朋友會不會對小姊弟產生不好的想法？

　　不是我不該如此想，卻因我們兩位老師已經漸漸發現，負面問題慢慢浮出枱面，發現孩子們會跟姊弟要東西吃（每天姊弟都會帶他人送的糖果到學校，讓小朋友都很羨慕）；也因為要獲得他人的疼愛，會開始用物品跟小朋友交換得到友誼，種種不好的行為，若有似無的產生，我們也驚覺，

除了如火如荼的繪本製作外，孩子的品格教育，也是我們該重視的一環，於是們在一次又一次的物品分享下，做了不同的改變。

我的大學同學的學生家中開成衣廠，知道學校裡的小朋友可能需要，送給我們一大袋新的運動服，我們慎重其事在大家面前一件一件分給大家，讓大家每人領到一件新衣；後來越來越多物資送來，除了小苓與小煒的物品外，好心人開始會多送給其他孩子們小禮物，似乎也了解老師此刻的擔憂，我們公開的讓孩子們領到物品，孩子們又回到最初的想法——老師不只對姊弟兩人好，其實對大家都很關心。

我們非常感謝～

> 所有的人給予我們的回饋～
>
> 學校內的哥哥姊姊～
>
> 孩子的爸爸媽咪～
>
> 其他所有關心、鼓勵、加油打氣的人～
>
> 曾經給予我們資助的人～
>
> 社會上默默關心我們的人～

事件過程中老師的回顧與成長～

- 孩子第一次上學，家庭及學校第一線接觸時，老師主動給予關懷、接納及試圖改善困境的勇氣及智慧。
- 體會由當事人、家長、老師、第二、三人、其他孩子的心境，孩子想要、需要什麼？
- 老師應如何在班上面對這兩位小孩？如何引導其他孩子面對當事人？在過與不及中求平衡。
- 盡力尋求團體、學校力量，以眾人在「愛」的信念下發自內心主動或間接提供協助。

- 過程中，教師態度不驕不餒，並多與班上家長溝通，傾力解決疑慮並取得認同或支持。
- 老師也需要調適自己的心情及步調，隨時有應變的心理準備。
- 引導當事人及同學在過程中，打心眼裡願意的付出及感謝。並學習訴說情緒及抒發情緒的方式。
- 教師本身能獲得家人支持或其他能維持動力的原料，還有搭班老師的配合及意見。
- 當事人生活獲得改善，事件趨於平靜時，建立當事人的信心，也有幫助或照顧其他人的能力。
- 當孩子需要備受呵護時，身為老師的是否願意在自己工作之餘，給予這群被需要的孩子多一點「關愛」與「照顧」……。
- 老師平常給予孩子適當的機會，懷著同理的感受，對待其他小朋友。
- 老師可以掌握最適當的機會教育，天天在班上會發現，孩子互動時都會上演著「美麗的人生」。
- 滿滿的愛在小小地方發酵，常常會不經意經過，也會在不在意中流失，但是在乎的老師，卻可以細細品味這其中的甜美。
- 班上有三十位小朋友，孩子都是家長的寶貝，但是老師除了觀察孩子學習能力外，如果還能夠了解幫助孩子們在成長路上的個別需求，孩子將會永遠感激。
- 孩子的聰敏～～我們懂，但是老師真的在意嗎？孩子的需求～～老師又能允諾些什麼？其實孩子們要的不多，孩子只需要在學習上被大大的肯定而已。
- 孩子給老師的回饋～～就是給我們無限量的加油聲與擁抱。
- 老師也會有不懂的事情，也可以跟孩子們討教，我們可以大方讓孩子覺得，老師也有向學生學習的機會（就是所謂的教學相長）。
- 讓孩子在期待中，展開學習之路，不要催促孩子往老師預設的學習方式

前進，進行填鴨式的學習，老實說孩子真的不愛。

- 老師跟孩子一樣，有時需要加油聲，有時需要被鼓勵，即使有不懂、不會的事情，孩子總能給予老師一份小小的關愛，此時幼稚園裡學習的氣氛，將是如此的溫馨、愉快。

- 老師隨時聽完孩子表達的內容，再將孩子的語言，轉換成簡單易懂的詞句複述一遍，增加孩子學習其他語彙的機會，並且加深孩子對語彙的認識。

- 無論孩子有多小，無論孩子有多渴望，孩子的心～～您聽到了嗎？如果聽到了，您的回應是什麼？當老師對孩子付出時，孩子就會很純真的回饋與回應。

- 過程中重複的工作雖然煩悶，但適時給予孩子們鼓勵，讓孩子了解辛苦背後的期待成果，孩子將會自動重整腳步，給自己一個再出發的機會。

- 當孩子做得好時，請不要吝嗇給予鼓勵，當孩子需要被修正時，請給予適切的關注和提供方法，孩子自我修正後，將再次出發，相信孩子會有自我反省與修正的能力。

- 給自己與給孩子有機會擴展視野，讓孩子的話與畫，不僅僅能彼此被欣賞，可以從身邊的人（家人、朋友、同事）介紹起孩子的畫，除了拉近對孩子熟悉的人，對孩子學習的了解，更可以發現小朋友的創意無限。

- 小小的童言童語～～蘊藏著深深的意義，當你用心體會、放下身段與身高，你會發現，孩子內心童貞的世界。

- 時時刻刻都是孩子學習的時間，處處都是孩子學習的教材，老師能給予的是～～機會與時間。

- 運用一些小道具、巧思，讓孩子說故事時，不再那麼規規矩矩，除了用說的、還可以錄音、錄影方式，讓孩子聽到自己說故事的聲音。

- 給孩子多一點生活經驗，刺激孩子舊經驗裡的新學習，同儕間產生新學習火花。

- 人的一生都在學習，您的良師……？我覺得……處處是良師，事事是益友，幼教工作對我而言，有無盡的學習空間。
- 創意來自幼兒發揮天馬行空的想像，創作來自大人給予孩子不斷嘗試的機會與鼓勵，孩子會有無限的可能性發展，而孩子能徜徉在自由自在的空間裡學習。

老師發現孩子在畫畫的過程中出現

- 孩子在畫畫當中畫功增強，並且學習了幾項畫畫的方式，運用「深色」的筆當描邊筆，用淺色系的筆塗滿顏色。
- 觀察細微的一面～～主角的臉部表情、環境及物品的相似度佳。
- 孩子認真的學習態度，讓為師的我刮目相看。
- 孩子的同理心，會將對方的想法考慮進去。
- 發現孩子語彙能力增強許多，協商的能力也增加許多。
- 互助合作的機會變多。
- 解決問題的能力提升，能夠獨立思考。
- 自信心增強，並且懂得尊重與接納別人的意見。
- 運動家不服輸的精神，畫壞了、錯了，再來一次的練習精神。
- 反省自己、寬容待人的態度。
- 孩子在畫中獲得成就感。
- 應變的能力變強，反應更快。
- 放下腳步，學會等待比較慢的孩子。
- 同儕間給予彼此鼓勵代替叫罵。
- 回家與家人分享學校的學習狀況。
- 孩子間互吐心事的機會變多，對彼此的信賴感增加。
- 孩子對人、事、物欣賞的角度變大變廣了。
- 尊重多數人的意見為意見。

‧ 心中的愛，慢慢被牽引出來。

‧ 因為故事書中有提到作者的名字，所以班上開始帶來了簽名的風潮，雖然年齡小的孩子不太會畫出自己的名字，但是孩子在自己的方式下，學習仿畫自己的名字，雖不工整，但值得鼓勵，大家還相約出書時，要排排坐，等著簽名。

◉ 教學小錦囊

製作繪本時，幼兒與老師的準備

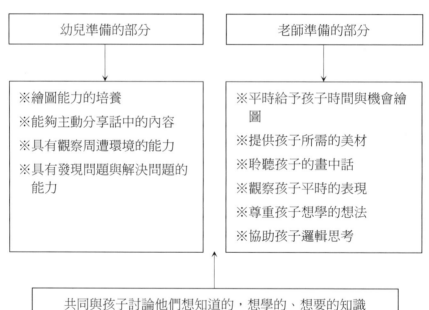

```
┌──────────────────┐        ┌──────────────────┐
│   幼兒準備的部分    │        │   老師準備的部分    │
└──────────────────┘        └──────────────────┘
         │                           │
         ▼                           ▼
┌──────────────────┐        ┌──────────────────┐
│ ※繪圖能力的培養     │        │ ※平時給予孩子時間與機會繪│
│ ※能夠主動分享話中的內容│        │   圖                │
│ ※具有觀察周遭環境的能力│        │ ※提供孩子所需的美材  │
│ ※具有發現問題與解決問題的│        │ ※聆聽孩子的畫中話    │
│   能力              │        │ ※觀察孩子平時的表現  │
│                    │        │ ※尊重孩子想學的想法  │
│                    │        │ ※協助孩子邏輯思考    │
└──────────────────┘        └──────────────────┘
                                      │
                                      ▲
┌────────────────────────────────────────┐
│ 共同與孩子討論他們想知道的，想學的、想要的知識   │
│      完成孩子的夢想～繪本共構              │
└────────────────────────────────────────┘
```

畫中的圖案繪製過程
紙偶、量尺寸

在製作紙偶的部分，讓孩子自己嘗試製作，老師將裁好的紙張大小，讓每位小朋友自己試著畫出沒有穿衣服的小芩與小煒，有些人憑空想像、有些人會到主角的面前畫、有些人會利用美勞角內的工具書仿畫，但事後大家將自製的作品拿出來比對，卻都不滿意；老師將自己的作品拿出來比對，大家都對老師製作的成品讚美有加，所以一致通過，要用老師畫的「紙偶」囉！

▲小朋友拿著畫好的人偶，仿畫後再將其衣物及其配件依其尺寸畫出。

仿畫、模擬畫

選擇老師的小人偶後，小朋友也開始將人偶娃娃放在紙上，將人物用鉛筆淡淡的描畫在紙上，再利用蠟筆將娃娃的衣服，畫出超過娃娃的尺寸，經過不斷的製作與實驗（畫好後剪下讓紙偶穿著），孩子們發現衣服怎麼樣都穿不上去；孩子邊拿著娃娃，一邊想著如何設計主角的衣服，有小朋友建議拿出真正的紙娃娃比對後，發現在紙娃娃的衣服上或飾品上，只要是可以掛在娃娃身上的衣服、飾品，都有兩個突出的小紙，目的就是要勾住紙娃娃，讓所有的衣服與飾品不會掉落，老師再指導孩子，運用紙娃娃形式的衣服製作技巧，讓孩子在往後的製作過程較為順利。

▲我們會到創意角裡找出適合的工具書練習畫畫。

試玩成品

畫好後，隨即拿著娃娃比對，看看是否合適，如果不合適，就從第一個步驟反覆動作，讓小朋友越畫越得心應手，也越畫越有效率，有人甚至回家後，還在加緊趕工，讓圖畫更臻完美；過程中，紙娃娃也被孩子們玩壞了、玩爛了，小朋友請求老師再畫一次，事後我們將紙偶與服飾都護貝起來，讓使用率增加、毀損率減少。

隔天，老師拿著大張對開的白色水彩紙，大家開始滔滔不絕說出自己的想法，老師為了統整孩子們的內容，要大家認真思考第一張下筆的內容。

小萍：「天氣很熱……。」

小妍：「爺爺和小苓、小煒牽手來學校，要跟老師報名。」

真真：「老師，不對吧！要先把去參加電視節目的部分畫出來。」

小晴：「可是這樣，大家會不知道為什麼要去參加比賽。」

小宇：「可是我覺得因該是先畫出他們家很苦，所以老師要幫他
　　　們去賺錢繳學費。」

大家你一句、我一句的，就是兜不攏第一頁該如何開始，但是大家討論興致沒有因為時間結束而中斷，連排隊、上廁所、吃午餐的時間都還在聊，就這樣延續了很久……，睡前孩子們還是不放心，討論著剛剛結束前的話題。

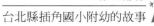

謙謙：「老師我們剛有想到要從爺爺來報名的時候開始。」

老師：「好像滿有道理的。」

小妍：「我們剛剛有講，還是覺得要先這樣比較好。」

真真：「然後沒有錢上學的事，也要寫出來。」

小晴：「老師，記得要寫下來。」

老師：「先睡吧！我們起來再討論……。」

小朋友：「老師午安。」

老師：「小朋友午安……。」

接下來，就聽到孩子們鼾聲四起，進入甜蜜的夢鄉囉！

其實自己跟著孩子進行時，並沒有預先設計好，該給孩子用什麼方式畫出故事的場景，反而是讓孩子自由創作，各自可以有自己的想法，最後再加以統整起來，讓孩子決定什麼樣的形式、畫畫風格是他們最喜歡、也是可以讓大家一起做得到的部分，更可以讓大家都享受在其中。

因為故事的人物範圍很廣（包括主角、老師、全班小朋友、客人、節目主持人……），物品很雜，環境除了校園、教室以外，還必須延伸到他們兩人住家附近，所以和孩子們討論後，我們決定運用「分類」的方式逐一完工；就從人物開始，首先將全部需要的人物記錄下來，再請小朋友畫自己、畫別人、畫老師、畫主角、畫其他人……；接下來畫物品，畫教室內的櫃子、玩具、書籍、文具……，其他的物品……，有時分工合作、有時大家畫相同的畫面……，畫面也變得越來越豐富。

▲孩子說出的物品，讓他們畫在白板上，作為紀錄並實際的畫出來。

畫人物時

　　小朋友們會拿著鏡子或到大鏡子前，擺好姿勢畫自己；年齡較小的小朋友，會拿著紙張苦苦哀求，請大班的小朋友幫忙畫自己，當下可以看到一個小小模特兒或坐或站，靜止不動給他們畫，畫好後兩人會開心的抱在一起，而這樣的畫面不時出現在班上。

　　三十個小朋友畫完後，就會出現三十張不同小配角人物，而不需要花太多時間琢磨在人物部分；另外在畫主角與老師時，被分配到的小朋友，就會希望主角或老師靜止不動，待大夥兒畫完，才能開始做自己的事；連老師、主角跳舞的樣子、老師和主角是高是矮、是胖是瘦、特徵畫得像極了，事後再由孩子選擇，將適合的圖放在適合的位置上。

▲畫人物時，讓孩子選擇畫自己；或者兩兩一組，協助畫出對方。

▲背景就由老師來操刀囉！

▲不斷重複小朋友畫好的頁面；不斷給予孩子們信心增強。

畫環境時

　　校園、教室內的擺設對孩子來說，比較沒有問題，但是孩子提出要畫出祖孫三人的住家時卻停頓了；因為了解孩子沒有實際參觀，是無法用想像的，所以主動要求幫忙畫的小朋友，親自帶到現場觀察，並實際走了一圈，讓孩子當下畫在紙上完美呈現。

▲孩子們很熱烈的向老師要紙畫畫。　　▲畫好後，我們掃描作品，逐一放給孩子欣賞。

畫物品時

　　舉凡教室內的教具、玩具、籃子、櫃子、椅子、電話、空間……孩子們會自動走到該項物品前面，用觸摸、仔細觀察的方式，將其所看到的畫下來，每樣物品畫下來比對後，大家都說畫的真的好像。

　　食物的部分，請孩子回想當初有人送兩位主角的食物，幫助孩子對於食品的印象與討論，會想送給主角什麼吃的（大概孩子們會說出、畫出自己想吃的食物），但是綜觀起來，孩子似乎頗有營養均衡觀念，大家說的、畫的種類有許多，五穀雜糧，外加蔬菜水果樣樣俱全，有人畫出煎雞蛋、大顆花椰菜、蘋果、香蕉、牛肉，還有一碗白飯，內容有趣到大家看了都會餓。

　　其他的學用品或玩具，孩子比較熟悉，所以速度也比較快些。為期一個月的時間，孩子們終於完成他們共創的繪本，這期間只要拼湊好一頁，

老師就會分享一頁，二、三、四……，頁數慢慢增加時，老師會回頭從第一頁開始敘說，直到畫面呈現到最後一頁為止。

▲孩子或趴或坐拿著美術材料開始細心的作畫。

　　孩子們會很仔細的品味著自己的畫作，並不時提出意見，隨時修正，修飾到大家滿意為止，我們甚至會拿出外面市售的繪本，跟自己創作繪本做一比較，回頭問孩子，你們會買自己畫的繪本嗎？……老師二話不說，就聽見小朋友小聲的回應。

　　小賢：「我們畫的有點亂，不整齊耶！」

　　老師：「你們覺得你們畫的這本繪本，可以賣錢嗎？」

　　安安：「有的顏色亂七八糟，還有塗到外面的，不好看。」

　　老師：「你們覺得呢？」

　　淳淳：「好亂喔！沒有創意！」

　　翔翔：「可以重畫嗎？」

　　謙謙：「沒關係，我們重畫漂亮一點、整齊一點，大家會喜歡。」

　　雅雅：「我可以帶回去畫。」

　　小妍：「亂畫就不能賣了，我們的夢想就不能實現。」

　　老師：「你們還願意重試嗎？」

大家點頭如搗蒜。於是……在過程中，就會出現類似這樣的場景，不斷的分享→討論→修飾→再分享→再討論→再分享→直到大家滿意為止。

繪本終於在大家努力下完成，畫完成品之後，還商請學校內的專業美術林老師與國文造詣高深的廖老師，請他們欣賞完後，給予我們一些不錯的意見與想法，下列就是我們討論完後，老師給予我們一些繪本的文與圖的方向，可以思索並再為繪本加分的部分：

※要保留孩子最純真的畫作，不加以過分修飾。

※情境的部分要明確清楚，在戶外與室內或其他地方……的不同。

※背景顏色輕淡，不要搶走主要角色的顏色。

※構圖及擺放圖案所要呈現的方式要清楚，不需太多而顯得凌亂。

※可以運用不同美材作畫，讓畫面不只是單一的畫風。

※內容的來龍去脈要清楚與明確。

- 為什麼大家喜歡主角，他們做了什麼事讓大家喜歡？
- 過程中有什麼值得鼓勵小朋友的事件發生？
- 大家是怎麼幫助主角的？做了什麼事？
- 文字擺放的一致性，觀看的人才覺得舒服。
- 故事內容情節包含：人、事、時、地、物，孩子的話可以簡單化。
- 十六頁面，會不會顯得單薄？因為出書會有一定的頁數限制，是否要詢問清楚。

我們仔細將畫中的內容，分類成三個部分：

人物

・小朋友→自己畫自己、畫主角、請其他小朋友畫自己。
・老師→全班一起畫荔枝老師及小豬老師（再一起票選出最好的放在書中）。
・兩位主角→男生畫男生、女生畫女生。

繪本分工 → 環境

・校園→孩子在教室外，拿著材料席地而坐畫了起來。
・教室→觀察教室內的擺設與動線，描繪出來。
・主角的家→實地參觀，並且畫下來。
※分工合作──分三組進行各區塊畫面的繪製。

物品

・教室裡的物品→拿到面前逐一畫出。
・學用品、玩具→借用學校或家中的文具。
・新鮮蔬果食物→回想自己或主角喜歡帶來過的食物。
・生活用品→娃娃家的各項物品仿畫。

◀老師教我們一些畫畫的技巧，使用深色筆當作是描邊筆，這樣畫出來的效果真的比較好！

主題繪本重點討論圖：

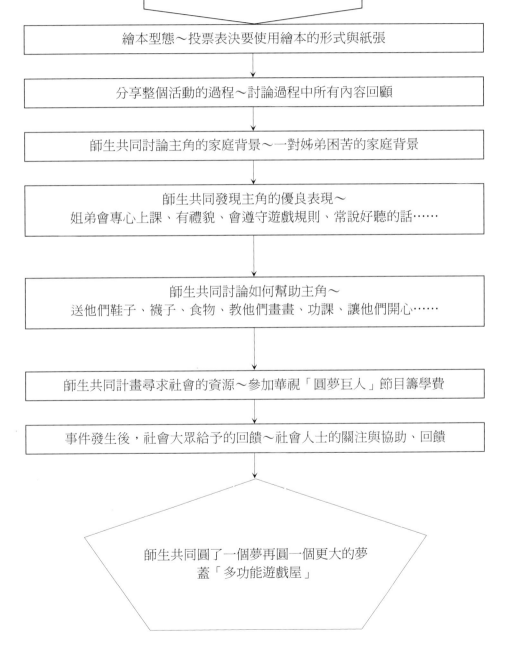

小小插角‧大大愛

繪本型態～投票表決要使用繪本的形式與紙張

分享整個活動的過程～討論過程中所有內容回顧

師生共同討論主角的家庭背景～一對姊弟困苦的家庭背景

師生共同發現主角的優良表現～
姐弟會專心上課、有禮貌、會遵守遊戲規則、常說好聽的話……

師生共同討論如何幫助主角～
送他們鞋子、襪子、食物、教他們畫畫、功課、讓他們開心……

師生共同計畫尋求社會的資源～參加華視「圓夢巨人」節目籌學費

事件發生後，社會大眾給予的回饋～社會人士的關注與協助、回饋

師生共同圓了一個夢再圓一個更大的夢
蓋「多功能遊戲屋」

故事發展中討論的過程……

　　孩子們邊繪製故事書、邊討論著內容，邊修正、再回過頭來討論孩子的問題、老師的問題、如何解決……好多好多需要討論，才能將一本繪本完成，心想如果每個孩子發一本空白簿，依照孩子的認知或即有的經驗或許來得方便些。

　　但是既然大家想要團結合作，共同將繪本一起完成的艱鉅使命，困難度是有，但是成就感一定會比自己完成來得大，於是老師很重視每一次討論的內容與方向，更發現出孩子們是一個巨大的藏寶箱讓我大開眼界，於是將討論過程重要的地方提出說明：

- 班上發生事件始末，孩子敏銳觀察能力的提升；班上每次外出參訪時，必定會拿出自己製作的觀察紀錄袋，觀察紀錄袋存放著自己的觀察紀錄本、一枝筆、一張墊板，每次參訪後，大家就會習慣隨地而坐，開始將剛剛參訪畫面，用畫的方式記錄下來，並且由老師在畫旁加以註記，回園後再做一次團體分享；經過這樣反覆練習，讓孩子對於周遭的環境產生高度的感覺，所以觀察對孩子來說，是可以被培養的。

- 孩子提問的勇氣增加，老師給不給孩子舉手發言的機會、能不能讓孩子有自由發言時間？讓孩子練習提問的勇氣，可以滿足學習。

- 老師如何試著去說明事件由來，而不傷害任何一位孩子自尊心；在討論中，老師應該要謹慎對孩子的心，當孩子們嘗試回答或提問時，老師回應應不傷孩子的自信與自尊為導向。

- 指導孩子提問的技巧，當孩子回饋時，老師如何運用發問技巧，讓孩子練習提問機會。

- 老師專注傾聽，老師的態度，讓孩子決定是不是一個可以信任的人，當孩子信任你時，會把內心所有的話與你分享，也願意你走進他的世界。

- 給予正向回應，認真回應。或許不用太多語言，用心和眼睛注視對方，

讓孩子有被重視的感覺。

- 給予增加語彙的能力，孩子的語彙能力有限，所以老師可以在聽完孩子話後，加以潤飾詞句，讓詞句可以更完整、更豐富。

- 仔細記錄孩子間對話，觀察與記錄是幼稚園老師必備的能力之一，所有來龍去脈記錄清晰，對於分析或接下來的活動、討論，會有相當大的幫助和加分。

- 複述孩子討論的重點，有時孩子會忘記前面的討論內容，此時，老師在討論中，不斷的複述前面的重點，逐一回頭去連貫，有時會出現更好的解決方式或更新的點子。

- 和孩子討論後，老師統整能力很重要，這是老師需要學習的課題之一，抓不住孩子討論的重點，就無法和孩子共創新的學習契機。

- 尊重各種想法，每個孩子來自不同家庭，家庭背景和父母的教育態度、方式也有很大的不同，尊重但不否定每個孩子的各種想法，即便是天馬行空，我們也給予尊重的態度接納。

- 試著提出結論，當孩子討論到重點時，老師需要提出重點結論，並經由孩子認同，達到雙方共識。

- 呈現結果，第一次結果滿意度很高，但是越分析越分享，就會延伸出其他的問題。

- 產生疑問，對於繪本製作完後，有些孩子會產生問題中的問題。

- 與孩子討論現在的問題，再進行修正，讓大家了解修正內容是否與先前回應有所連結。

- 修正過程中，可能會發現自己與他人不同，雖然有時會有爭執、會有所堅持，但是卻可以從中學到包容的態度。

- 開始進行修正，再分享、再討論是否有沒有注意到的地方。

- 再進行修正與再分享。

- 尋找專業人士給予不同意見。

・不斷進行修正與再分享。

・最後的成品展現方式（加入背景音樂）。

　　過程雖然繁瑣與重複，但是一次比一次討論的東西細膩化，不得不由心中感受孩子在過程中的成長與能力。

我們什麼時候做繪本或討論繪本……

　　繪本製作，本來就不是我們的主要主題，當時的主題是「插角戀戀古早味」的課程，感覺好像差距滿多的，但是這兩個不相關的主題，卻可以並行一起探究與實行，總覺得孩子有無限可能，只要是孩子有興趣、能力所及，我想孩子應該會勇於嘗試，就像玩遊戲一樣快樂，幼稚園裡所有遊戲是沒有所謂的競爭力，但是卻能帶給孩子喜歡學習的動力。而我們不會刻意花太多時間琢磨這本繪本，也希望繪本的製作，是讓願意的孩子、有興趣的孩子一起完成，畢竟願意學習的念頭很重要，於是我們常常在每天隨性時間裡完成。

我們什麼時間進行繪製與討論……

　　一入園時，孩子將教室內打掃乾淨後直到吃早餐前，這段時間約有一個半小時，只要孩子有興趣隨時加入。

・今天孩子可能想要學習的狀態，經過全班的同意再進行。

・課程轉換時間進行。

・角落時間小組討論或進行繪製。

・午餐後的時間，孩子捨棄戶外探索時間，轉而對此次進行的主題有很大的興趣。

・放學後，不急著回家，留下來的孩子們就可以再進行。

　　我們沒有固定的課程或時間，但會依照孩子當時的興趣來進行。

什麼地點進行繪製或討論……

· 活動室

· 餐廳

· 教室外

· 操場

· 遊戲場

· 桌子／地上／椅子／階梯……

· 在家中完成後，拿到學校來分享

　　沒有固定的地點，只需在安全與時間許可的範圍下進行，而老師只要能掌握孩子進行的過程，和注意孩子的安全即可。

老師如何選擇小朋友和故事內容做結合……

· 將圖案嘗試放在適當的位置上，再詢問孩子的滿意度。

· 將畫面與家長分享，請家長給予建議。

· 請專家給予意見，不時修正我們的作品。

　　孩子的學習，不僅在教室內坐著學習，有時參訪行程、有時遊戲式學習，甚至有時不像學習的學習，反而讓孩子在無壓力下，喜愛學習、主動學習，老師只需要在旁敲鼓邊鼓投入其中，就可以看到孩子學習的潛力。試著放慢腳步、看看孩子、給孩子機會、大人試著放手，孩子間彼此學習是書本中學不到的知識，而這一堂生命教育的延伸課題，相信也會持續很久很久。

◉ 給插角老師及孩子的一封信

給插角附幼參與「小小插角‧大大愛」的各位：

　　隨著我在插角的聘任到期離開後，這本繪本的製作似乎難以與我再有

接連，但當它正式以繪本身分出現在我面前時，那一段回憶思潮一湧而上了……。

那時我們還在欣賞並且討論著幼稚園畢業學長姊曾製作過的大書能與小芩、小煒故事結合，而嘗試決定我們製作大書的形式為剪貼方式後，大家第一次畫出的人像圖、物像圖……圖不及物的很多，許多中班生仍未掌握繪畫主題的技巧，卻……沒有嘲笑聲出現指責對方畫不好等等，感受得到大家在意的是自己有認真的盡其所能！在沒有二心的氛圍中看到大家認真的辨認每張圖所代表的人物和事物，仔細的聆聽畫者對畫的敘述，然後學習讚美尊重畫者的用心及獨到想法和畫風，嘿～你們做到了！我這麼訝異著這工作和諧的進行著。

各方對小芩、小煒的協助如火如荼進行著，老師與孩子們好好的整理了從小芩、小煒報名當天一直到學期末的歷程，孩子們一人一句的不停補充說著每個過程，也陸續畫出每個過程的圖，這真的是一本由孩子們主動真實的演出。我從日常生活中看到這群孩子們總是認真的彼此真心交流，誠懇的關心、寬心的接受、人際地位不分高低互相幫忙學習！在這樣的年齡要以關懷別人為優先，體貼別人心意是很困難的，嘿～你們做到了！這群孩子真的把老師對小芩、小煒的態度看得很細膩，生活上，也將入木三分的坦盪盪表現！

其實當孩子們主動關懷小芩、小煒後，常常有許多家長在課前課後熱心的詢問老師還能幫忙做點什麼！這些舉動無疑是對這事件最大的助益，因果循環下孩子能學習敞開心胸對待自己和別人，得到高度的信任感時，我們就願意去「看」別人的行動，主動學習的效率也提高，因為孩子們直接的反應回饋，讓我更感覺到不論年紀都有互相學習的地方，關於這群孩子和家長們請容我說一句：「謝謝你們！我好喜歡你們！」

除了孩子主動學習使效果提升外，這群插角孩子對於課程中主題的探討和各種變化型態活動的探究力及感受度都很高，並且在短短時間內進入

狀況，常常聽見孩子對老師的敘述感想或提醒同儕該注意的地方，孩子也表現出珍惜個人擁有樂於分享彼此的喜悅！學校中「小小插角‧大大愛」不是唯一進行的課程，但它的確讓教育鐵三角（親、師、生）的向心力由心靈迅速發酵！孩子從這課程中學習了什麼？家長從中感受了什麼？老師在過程中感動了什麼？各方幫助給予小芩、小煒的切身體驗和感想又是什麼？恐怕是我們一輩子難以忘懷也值得一再重新思考的！

對繪本能完成並出版，在煙霧彌漫伸手不見五指的情況下能有熱心的出版社協助正式出版，我真的好開心，相信所有人都和我一樣期待它出現！同時我也覺得慚愧，這件事在心底沉寂了許久雖沒忘記，但始終無法有其他的做法，反觀插角的師生仍在為這故事尋找出路，因為你們的努力讓不在你們身邊的我感覺到那聯繫的一條脈動！讓已知或尚未知這故事的社會添加一筆愛心範例。就如書名般，我們從小小的插角所散發出的愛希望能逐漸擴充為更大更多的愛！孩子們做到了，那我們呢？

我想一步一步以自己的能力慢慢來，取得這本繪本是一定要的，想到一群誠懇實踐每個夢想的小天使們，我願意投入盡自己的一分心力，和老師們共同協助孩子因夢美麗，築夢踏實！小天使們呀～聽說你們有一個新的更大的夢想是建築在這本繪本之後的，如今隨著繪本的完成，緊接而來的報名各個比賽及演出活動希望能離夢想更近，因為「蓋一間遊戲屋」是比繪本出版還要大的事呢！為了讓小天使們能在遊戲屋裡安心快樂創作、探索學習的夢想實現，我們即刻努力吧！

遙遠推手之一

　　社會道義之一

　　　　熱血青年之一

　　　　　　的小豬為大家加油也為自己加油！！

◎ 插角附幼部落格

孟母三遷道盡了環境對孩子的重要性

而現今的環境卻是讓孟母很羨慕的

因為有插角附幼這個～快樂天堂～

擁有綠樹陽光的好地方

更有用心用愛的好園丁（老師）

～小小插角‧大大愛～

愛是需要被教育的　愛是需要被肯定的

在這裡小孩學習到「愛的表現」

老師的「穿針引線」讓小孩知道愛要怎麼付出

有如大象昂起了長鼻　小孩知道要把希望舉起

就在這個快樂天堂裡　小孩有了希望學習了愛

～小小插角‧大大舞台～

小孩都需要「被注意」、「被看重」、「被欣賞」

老師的用心小小插角延伸到大大舞台上

學會像孔雀豎起了尾羽展現燦爛耀眼十分動人

這裡的小孩沒有了沮喪學會開屏展翅自信滿滿

就在這個快樂的天堂裡小孩各個都是～～最佳主角

～小小插角‧大大無限～

擁有陽光青山綠樹的好地方

更有努力用愛灌溉的好園丁

讓每顆種子無限可能的發展

謝謝老師的用心　無限的給予

讓小孩可以有河馬的大肚量

讓每個小孩知道如何學習相處　互相幫忙協助成長

謝謝老師的愛心　無限的啟發

帶領著插角裡的每個孩子　像老鷹往大世界裡飛翔

期待更高更遠有夢想　是因為有了快樂天堂～插角附幼

謝謝用心用愛大無限的灌溉這快樂天堂的老師

　　　我們絕對支持你們　加油！

　　　　愛你們的家長秀妮媽咪（截取於插角寶寶網頁部落格）

◎ 一位好心人的出現

我們一直持續製作著，過程中也有許多感人畫面。媒體登出事件的第三天，有一位花店的員工送了一束好大好美的花給老師加油打氣……

鈞鈞：「老師，這是什麼？ㄟ！花耶，好漂亮喔，要送給誰的？」

當下立刻轉身回應～

老師：「喔！是一位好心的叔叔送來的，因為他知道這裡有一群
　　　『好心』的小朋友，所以要送花給『好心人』，給你們鼓
　　　勵鼓勵！」

▲我們在作畫的過程中，有一位送花的叔叔
將花送給我們這群有愛心的老師及小朋友。

鈞鈞：「喂！大家快來看，有好心人要送花給我們喔，他說我們
　　　是好心人耶！」

老師：「別急，別急，等我們放學後，讓每個人選一枝『好心
　　　花』帶回去做紀念。」

小朋友：「老師萬歲，大家萬歲。」

　　放學時，我們讓大家一一選擇喜歡的花朵帶回去，看著孩子純真、善
良的心，各自帶著喜歡的花朵回家，這個畫面讓我想起～好心有好報，這
個好報的事件，相信會給孩子好美好美的回憶。

　　隔天，一位八十幾歲的老爺爺，千里迢迢的坐著計程車，流了整身的
汗，興致勃勃的到校園找我們，校護阿姨帶著爺爺敲著幼稚園的門，而我
們大家正在裡面忙著討論如何將繪本製作完成的議題，校護阿姨告訴我爺
爺的來意之後，馬上拿出他預備好的紅包袋，還有要送給小朋友的禮物，
請我轉交給小苓與小煒姊弟的爺爺，在我答謝時，他將手中的另一塊獎牌
遞給了我，告訴我一些勉勵及感謝的話，讓我更深信，社會上到處有溫暖，
感動之餘我也把這件事告訴孩子們。

老師：「小朋友，今天我收到了一份神秘禮物。」

鎮宇：「是什麼？要送我們的嗎？」

老師：「可能沒辦法送給每個人，但是可以放在教室裡面欣賞
　　　喔！」

達達：「喔，那就送給老師好了。」

鈞鈞：「那是什麼？」

老師：「一面獎牌。」

小妍：「獎牌是什麼……？」

小倫：「可以吃的嗎？」

老師：「不是吃的，是可以留做紀念的。」

▲一位親切的老爺爺送給我們一面獎牌，並且分享著帶來要送給孩子們的禮物。

謙謙：「喔！那是要送給老師的啦！」

老師：「但是爺爺有準備小點心請大家吃，我們要感謝爺爺
　　　　喔！」

鈴鈴：「對呀！我們要謝謝他，我覺得大家都對我們很好。」

達達：「就是因為我們大家都很有愛心，對不對？」

於是把這份不可分的、不可吃的「榮耀」，放在教室內跟孩子們一起分享。

接下來不斷的有許多要送給小姊弟的生活用品、物資、現金……湧入校園，除了給小芩與小煒姊弟外，有些好心人也會額外準備其他二十幾位小朋友的小禮物，當然我們也一併送給這群孩子，讓孩子們好開心，原來做好事的代價是這麼的甜蜜；有些孩子就體會出，原來做好事的感覺這麼好，你對別人好，別人就會對你更好，孩子們說不出他們的感受，但是卻可以看出每個孩子在收到那些好心禮物時的那份滿足。

◎ 轉變與改變

孩子的轉變

在這個過程中，老師與孩子沉浸在「愛」中學習，發現孩子間少了爭執、少了自我、多了互動、多了關心，彼此像兄弟姊妹般感情融洽，沒有

比較、沒有競爭，老師一直在過程中感受與感動。

家長的改變

　　家長對於學校的事，多了關心與注意，隨時和老師聯繫增加親師間的溝通與互動，更為彼此的信任度加分，家長對老師正向鼓勵與支持，讓老師可以帶著孩子不斷嘗試不同的學習。

一位初任教師的改變

　　我的搭檔老師，是第一次當幼教老師，還在求生階段的他，在這事件起初兵荒馬亂之際，他曾經出現疑惑、不解，疑惑孩子的家庭生活還有人過的如此困苦，如果不是因為家庭訪問的關係，大概也不會相信社會上有人真的需要被關注。除了在教學上精進之外，他也開始觀察、了解孩子與家庭教育的重要性。

　　傾聽孩子是他可以迅速了解孩子的不二法門，一開學就可以很快的了解每位小孩個別差異與需求；多跟家長溝通孩子的成長與教養的觀念，讓家長很快對他產生信任感與尊重他的專業度。對於孩子出現的疑慮，可以很有耐心與巧思的回應，不把無預期的工作量視為累贅，反而更用心工作，並享受著過程中的不知所措。

　　剛開學他需要適應新環境、新工作、新大、小朋友、新制度⋯⋯，可以看出他對幼教的專業與工作認真的態度，更發現他對於孩子那份堅毅的心意，完全征服家長們的擔心；我和他這一年的工作相處中，佩服他的程度，遠遠超過一個剛剛從事幼教繁瑣工作的人。更感謝他隨時在這次事件的過程鼓勵、協助我，分析事件的重要性，大家感動之餘，更應該對他產生敬佩，因為這樣的同甘共苦、獨一無二的經驗，是我們人生中難能可貴的經驗；過程雖然辛苦，但結果卻是甘甜，這將是我們心中擁有的共同回憶，我要大聲的說：「小豬老師，謝謝您！我永遠的好夥伴。」

我們做到了學習的初衷～生命教育的起源

　　生命教育全球資訊網中，前教育部長曾志朗先生提到，生命教育是教改不能遺漏的一環，文中提出，以往過分著重智育，很容易被專一的知識體系所掌握，凡教材、教法及課程安排都是一個樣子，養出來的學生也被模製成「只此一類」的意識型態。似乎失去了自我創造的意願，要求一切要速成。

　　了解生命意義才會開始尊重別人，我帶的孩子年齡只不過四至六歲，但是過程中發現，孩子是一塊大海綿，周遭的人、事、物對他們敏銳的心，那種不同於別人的感覺，可以完全感受得到「以身作則」是一個教育孩子的根基。在家庭中，父母對諸如此類事件的態度，影響孩子的想法、在學校老師的態度，也影響孩子對待孩子的態度，願孩子懂得珍惜、友愛、同理心、付出、懂得彼此間相互扶持，相信社會的未來，一定會有一個美麗的願景，至少我是這麼認為的。

參考文獻

楊茂秀（2006）。**好老師是自己找的**。台北市：遠流。

Clark, A. (2006, August-September). *Listening to young children: Where will it lead?* Paper presented at 16th European Early Childhood Education Research Association Conference: Democracy, Culture and Early Childhood Education, Reykjavik, Iceland.

Kinney, L. (2005). Small voices......powerful messages. In P. M. Clark & A. Kjorholt (Eds.), *Beyond listening: Children's perspectives on early childhood services* (pp. 111-128). Bristol: Policy Press.

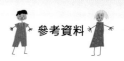

參考資料

http://www.businessweekly.com.tw/event/2006/atwn2face/

http://www.storycenter.org/index.html

方素珍（1998）。**是誰嗯嗯在我的頭上？**台北：三之三。

郝廣才（2001）。**奧莉薇。**台北：格林文化。

郝廣才（2006）。**大象男孩與機器女孩。**台北：格林文化。

黃迺毓（1999）。**精采過一生。**台北：三之三。

國家圖書館出版品預行編目資料

畫・說・我們：師生共創的故事／
翁巧玲，翁巧芬，邱琍貞著.
--初版.--臺北市：心理，2010.04
　　面；　公分（幼兒教育系列；51140）
參考書目：面
ISBN 978-986-191-352-0（平裝）

1.初等教育　　　2.通俗作品

523　　　　　　　　99002464

幼兒教育系列 51140

畫・說・我們：師生共創的故事

策畫主編：盧明
作　　者：翁巧玲、翁巧芬、邱琍貞
執行編輯：高碧嶸
總 編 輯：林敬堯
發 行 人：洪有義
出 版 者：心理出版社股份有限公司
地　　址：台北市大安區和平東路一段 180 號 7 樓
電　　話：(02) 23671490
傳　　真：(02) 23671457
郵撥帳號：19293172 心理出版社股份有限公司
網　　址：http://www.psy.com.tw
電子信箱：psychoco@ms15.hinet.net
駐美代表：Lisa Wu（Tel: 973 546-5845）
排 版 者：辰皓國際出版製作有限公司
印 刷 者：辰皓國際出版製作有限公司
初版一刷：2010 年 4 月
I S B N：978-986-191-352-0
定　　價：新台幣 400 元